GUÉRIR PAR LA MÉDECINE CHINOISE

De Philippe Maslo

Le Pouvoir des odeurs, Albin Michel, 1994.
Le Stress n'est pas une fatalité (avec Marie Borrel), Presses du Châtelet, 2000.
Le Mal de dos, Albin Michel, 2003.

De Marie Borrel

Ces plantes qui nous veulent du bien, Phare International, 2000.
Le Stress n'est pas une fatalité (avec Philippe Maslo), Presses du Châtelet, 2000.
60 conseils pour retrouver un sommeil de rêve, Hachette Pratique, 2001.
81 façons de se réconcilier avec son corps, Guy Trénadiel Éditeur, 2001.
Le Guide des élixirs énergétiques, Guy Trénadiel Éditeur, 2001.
Les Plantes et leurs vertus, Le Chêne, 2002.
L'Envie de guérir (avec Ronald Mary), Rocher, 2003.
60 conseils anti-douleur, Hachette Pratique, 2004.
300 conseils bien-être (avec Anne Dufour), Hachette Pratique, 2004.
L'Homéopathie pour toute la famille, Seine, 2004.
Les Clés du bien-être au quotidien : pour être au top dans sa tête et dans son corps, Solar, 2005.
La Détente absolue : le massage coréen, Guy Trénadiel Éditeur, 2006.
Guide du massage au quotidien : l'harmonie du corps et de l'esprit entre vos mains, Solar, 2006.
Soigner la dépression par la médecine chinoise (avec Yves Réquéna), Guy Trénadiel Éditeur, 2006.
Soigner la fatigue par la médecine chinoise (avec Yves Réquéna), Guy Trénadiel Éditeur, 2006.

Philippe Maslo
Marie Borrel

Guérir par la médecine chinoise

Illustrations de Louis-Marie Lécharny

Marabout

ibrairie du Richelieu
03 boul. du Séminaire
t-Jean-sur-Richelieu (J3A 1J2)
él. : (450) 347-6446
ax : (450) 347-6039

ate facture # Facture
011/06/12 12:41 C1150550
aissier(ère) : DENISE

- GUERIR PAR LA MEDECI
NE CHINOISE 10.95 10.95
items

ous total : 10,95 $
PS R103323861 (5.00 %) 0,55 $
VQ 1001175099 (8.50 %) 0,00 $

Total : 11,50 $

ontant reçu : 12,00 $
onnaie à remettre : 0,50 $

ode de paiement :
: 12,00 $

CHANGE OU REMBOURSEMENT 10 JOURS DE LA DA
E D'ACHAT SUR PRESENTATION DE LA FACTURE.
UCUN ECHANGE NI REMBOURSEMENT SUR ACHAT D
LIVRE ET ITEM EN VENTE ET OU LIQUIDATIOA
NSI QUE BIJOUX.

Merci !

INTRODUCTION

Qui sont-ils ces praticiens qui prétendent soulager nos maux grâce à de fines aiguilles délicatement plantées sur des points qu'ils traquent avec la précision d'un limier à la poursuite d'un criminel ? Que font-elles ces personnes étranges que l'on rencontre, au petit matin, dans la brume des jardins publics, en train d'effectuer des mouvements amples et souples qui ressemblent davantage à une danse qu'à une gymnastique ? Que cherchent-ils ces médecins qui se concentrent sur le pouls de leur patient, qu'ils qualifient de filant, râpeux, serré, mou, jaillissant, évanescent, sidéré ou impétueux ? Quelque étrange qu'apparaisse leur comportement, tous ces êtres pratiquent à leur manière la médecine chinoise, l'un des plus anciens systèmes médicaux du monde, qui a connu un essor important dans les pays occidentaux au cours des dernières décennies.

UN PEU D'HISTOIRE...

L'acupuncture est la branche de la médecine chinoise la plus connue dans les pays occidentaux. Vue d'ici, elle représente la partie émergée d'un immense iceberg, beaucoup plus complexe et cohérent que nous ne le pensons. La médecine chinoise répond à des lois différentes de celles de la médecine occidentale. Elle s'intègre dans une culture, une philosophie, une conception du monde et de l'homme tout à fait particulières. Elle ne soigne pas seulement avec des aiguilles, mais aussi avec des plantes médicinales, des conseils diététiques, des massages, des exercices physiques…

C'est aux environs de 1670 qu'un missionnaire de retour de Chine, le révérend père Harvieux, parla pour la première fois de cette étrange pratique consistant à soigner en piquant de très fines aiguilles dans le corps des malades. Il fallut attendre les années 1930 pour que Georges Soulié de Morand, un consul de France en poste en Chine, ramène suffisamment d'informations sur cette méthode thérapeutique pour publier un premier ouvrage entièrement consacré au sujet. Depuis, l'acupuncture n'a cessé de se répandre dans les pays occidentaux, entraînant avec elle la médecine chinoise dans son ensemble. Aujourd'hui, en France, plusieurs écoles délivrent un enseignement en médecine chinoise. Ces cursus sont de plus en plus sérieux, certains proposant des cours et des stages de perfectionnement en Chine.

Deux conceptions complémentaires

Cette évolution n'a pas de quoi étonner, car la médecine chinoise et la médecine occidentale sont aussi différentes qu'elles sont complémentaires. Notre conception scientifique de la maladie et de la guérison est tout entière focalisée sur le symptôme. L'anatomie n'a plus de secrets pour notre science. Nous savons comment fonctionnent les organes, comment est constituée notre statique ostéo-articulaire, comment sont organisées nos défenses contre les microbes… Ce qui intéresse nos chercheurs depuis des siècles, c'est le corps malade et non le bien portant. La physiologie n'a qu'une place réduite dans les études de médecine, alors que la physiopathologie occupe une position centrale.

Face à une maladie, les médecins occidentaux isolent la partie atteinte, l'étudient, décryptent le sens des symptômes et font en sorte de les faire cesser. Mais ils ne sont pas formés à considérer leurs patients dans leur globalité, ni à leur apprendre comment entretenir leur santé. La prévention reste marginale, et certains médicaments provoquent des effets secondaires aussi pénibles que les maux qu'ils soignent. La médecine occidentale possède pourtant sa zone d'excellence ; elle a développé des stratégies de pointe irremplaçables pour lutter contre certaines maladies graves : interventions chirurgicales subtiles et performantes, chimiothérapies et radiothérapies anticancer, médicaments psychotropes capables de compenser les carences neurohormonales, molécules antibiotiques capables de venir à bout des infections mortelles… Mais, à côté de cela, les médecins restent parfois démunis face à des troubles fonctionnels banals. Or, ce sont ces difficultés digestives diffuses, ces perturbations récurrentes du sommeil, ces maux de tête flous et changeants… qui forment l'essentiel des plaintes qu'entendent les médecins généralistes.

À quelques dizaines de milliers de kilomètres de nous, la médecine chinoise s'est développée de manière totalement différente. L'être humain est considéré comme un tout, une entité animée par une énergie vitale qui constitue la source primordiale de la vie. Les médecins chinois traditionnels n'envisagent jamais le fonctionnement d'un organe sans considérer les relations qu'il entretient avec le reste du corps. Ce sont ces relations qu'ils essaient de soigner et non la pathologie elle-même. La maladie est considérée comme le reflet d'une rupture dans l'équilibre intérieur. La guérison est un effet secondaire bénéfique de l'équilibre retrouvé.

Une médecine de santé

La médecine traditionnelle chinoise est donc tout entière concentrée sur la notion de santé, et non de maladie. La tradition raconte qu'autrefois, en Chine, les médecins ne faisaient pas payer leurs services lorsqu'ils devaient soigner une maladie avérée, car celle-ci était la preuve manifeste de leur échec en matière de prévention. Il est difficile de savoir s'il s'agit d'une légende ou d'une réalité. Mais cette histoire résume bien la finalité essentielle de la médecine chinoise, qui n'est pas de soigner les maladies mais d'entretenir la santé. Il s'agit d'une véritable médecine de prévention, sans doute la plus ancienne du monde car son origine remonte à plus de 3 000 ans !

Depuis les années 1970, dans les pays occidentaux, une mode s'est développée : celle des médecines globales. Une part de plus en plus importante de la population cherche à entretenir sa santé. Nos démarches thérapeutiques ancestrales (plantes médicinales, techniques manuelles des rebouteux) sont ressorties des placards poussiéreux où l'évolution scientifique les avait remisées. Les plantes médicinales (phytothérapie), les huiles essentielles (aromathérapie), les techniques manuelles (ostéopathie, étiopathie, chiropractie…) se sont développées. On connaît mieux le rôle de l'alimentation dans la genèse des maladies comme dans leur guérison. Dans ce contexte, il n'y a rien d'étonnant à ce que la médecine chinoise ait trouvé sa place, elle qui utilise tous ces outils – plus quelques autres – pour aider les patients à entretenir leur santé et leur longévité le plus longtemps possible.

Une médecine efficace

Si les Chinois ne nourrissent aucun doute quant à l'efficacité de la médecine qui soulage leurs maux depuis des millénaires, les Occidentaux, plus sceptiques, ont cherché à mesurer ses effets. De nombreuses études ont tenté d'évaluer ses résultats. Avec succès ! En 1999, par exemple, une équipe de scientifiques a montré l'efficacité d'une prescription traditionnelle chinoise, *Quing Dao*, dans le traitement du paludisme, avec des effets au moins aussi importants que ceux des médicaments couramment prescrits (notamment la Nivaquine). À tel point qu'aujourd'hui, les médicaments à base d'« artémisine » (le principal principe actif de *Quing Dao*) sont devenus les médicaments de référence du traitement du paludisme.

Mais c'est l'acupuncture qui a fait l'objet du plus grand nombre d'études scientifiques. L'une d'elles fut réalisée par une équipe de l'université de Nuremberg, en Allemagne, et porte sur le traitement de la maladie de Crohn, une affection grave du tube digestif. Pendant quatre semaines, un groupe de patients a subi dix séances d'acupuncture, alors qu'un autre groupe était soumis à un substitut placébo (des piqûres très superficielles sur des points fantaisistes). Non seulement ceux réellement traités ont connu une amélioration des symptômes beaucoup plus importante que les autres (améliorations statistiquement significatives), mais ces effets positifs persistaient six mois plus tard. Des résultats bénéfiques ont également été constatés dans le traitement des nausées de la grossesse (étude réalisée à l'université de Lund, en Suède) ou dans l'amélioration de la microcirculation sanguine dans l'œil (recherche menée par une équipe du département Ophtalmologie de l'université de Kyoto, au Japon).

L'acupuncture peut même aider les toxicomanes à sortir de leur dépendance. Une étude, publiée par le journal scientifique *Archives of Internal Medecine*, a été menée à l'université de Yale, aux États-Unis, sur des patients dépendants à l'héroïne. Un groupe a reçu un traitement substitutif à base de méthadone, associé à des séances d'acupuncture précises.

Un deuxième a été soumis à de la méthadone et à des séances d'acupuncture fantaisistes, et un troisième, en plus de la méthadone, à des techniques de relaxation pour surmonter les crises de manque. Au bout de deux mois, plus de la moitié des patients du premier groupe se passaient complètement de leur drogue, contre seulement 23 % dans le deuxième et 9 % dans le troisième.

Bien d'autres études sont en cours, dont certaines ont de quoi nous étonner. Ainsi, en 1999, l'Institut national chinois de médecine spatiale a fait embarquer sur un vol de l'Agence spatiale européenne une boîte contenant des cellules osseuses associées à un mélange de plantes chinoises. Au retour, après deux semaines de vol, les cellules osseuses ont été analysées. Résultat : une croissance exceptionnelle des tissus. Ces plantes chinoises pourraient ainsi constituer une solution pour lutter contre la déperdition de tissu osseux que subissent les astronautes pendant les vols spatiaux.

Très peu d'effets secondaires !

L'efficacité de la médecine chinoise n'est donc plus à démontrer. Elle est attestée par des millénaires d'utilisation et des dizaines d'études scientifiques. Pourtant, avant de se lancer dans cette aventure, les personnes intéressées conservent quelques interrogations, parmi lesquelles celles liées aux éventuels effets secondaires des traitements.

Comme tout traitement actif, les outils thérapeutiques de la médecine chinoise (acupuncture, plantes, moxibustion) peuvent provoquer des effets secondaires. Mais ceux-là sont rares et transitoires. En ce qui concerne l'acupuncture, certaines personnes sujettes à une phobie des aiguilles décrivent une sensation de malaise due à l'angoisse, ou des douleurs superficielles consécutives à leur extrême tension nerveuse et musculaire. Ces effets cessent dès la fin de la séance. Parfois, les patients ressentent une légère aggravation de leurs symptômes, effet rapidement suivi par une amélioration (dans les heures qui suivent). Une étude anglaise, publiée par le *British Medical Journal*, arrive à cette conclusion : le taux de complications et d'effets secondaires consécutifs à la pratique de l'acupuncture est extrêmement bas.

Les pratiques liées à l'hygiène de vie (conseils alimentaires, massages, exercices de *Qi Gong*) sont, elles aussi, dénuées d'effets négatifs. Quant à la phytothérapie, elle demande, bien sûr, à être prodiguée par un praticien bien formé, comme c'est le cas pour notre phytothérapie occidentale. Dans ce cadre, l'usage des plantes médicinales chinoises, les formules des mélanges de plantes, les posologies et les indications sont bien connus depuis des millénaires. Les textes anciens sont suffisamment précis pour éviter tout risque de problème, et les recherches menées plus récemment sur l'application des plantes aux maladies modernes ont toujours respecté l'esprit de la médecine chinoise.

Cette dernière est donc sûre, à condition, comme toutes les autres démarches médicales sérieuses, d'être pratiquée par des thérapeutes compétents.

MÉDECINS OU NON-MÉDECINS ?

Se pose alors le problème de la formation : qui sont les thérapeutes sérieux ? La formation à la médecine traditionnelle chinoise ne fait pas partie, en France, des formations médicales officielles. Seule l'acupuncture fait l'objet d'un diplôme universitaire. Les écoles forment des thérapeutes qui ne sont pas tous médecins, ce qui n'est pas sans poser quelques problèmes dans notre pays où l'autorisation de soigner est exclusivement réservée aux personnes issues de la formation universitaire officielle. Il existe ainsi des acupuncteurs ou des thérapeutes en médecine chinoise pratiquant dans l'illégalité.

Même s'il est toujours préférable de faire appel à un véritable médecin ayant suivi, en plus de ses études, une formation en médecine chinoise, le plus important en la matière est le sérieux de cette formation elle-même. De nombreux pays ont autorisé des praticiens non-médecins à exercer la médecine chinoise. C'est le cas au Québec, en Suède, aux Pays-Bas… Et plusieurs études, réalisées notamment au Québec, ont montré que médecins et non-médecins obtenaient les mêmes résultats, sans que les seconds connaissent plus d'échecs ou de problèmes que les premiers.

Pour juger du sérieux d'un thérapeute, vous pouvez vous poser plusieurs questions. D'abord, bien sûr, est-il médecin ? Ensuite, quel cursus a-t-il suivi pour pratiquer la médecine chinoise ? Les écoles qui délivrent un enseignement sérieux organisent des programmes qui s'étendent sur plusieurs années, et non sur quelques week-ends, comme on le voit parfois ! On n'apprend pas la médecine chinoise en saupoudrant les études médicales occidentales de connaissances exotiques. Enfin, la pratique de la médecine chinoise exige de prendre son temps, notamment lors des premières consultations. Un médecin qui expédie le premier entretien en dix minutes est forcément suspect[1].

Limites et succès de la médecine chinoise

La médecine chinoise possède pourtant ses limites. Aucun système médical ne peut prétendre tout soigner ! Les limites de la médecine chinoise tiennent à sa nature même. Elle ne possède aucune réponse face aux maladies impliquant des lésions organiques. Lorsqu'un pancréas ne peut plus sécréter

1. Voir « Le diagnostic en médecine chinoise », p. 69.

la précieuse insuline chargée de réguler le taux de sucre dans le sang, la médecine occidentale propose des injections régulières de cette hormone afin de combler la carence. Lorsque les reins ne fonctionnent plus, la médecine occidentale place les patients sous dialyse, ce qui leur permet de continuer à éliminer artificiellement leurs déchets. La médecine chinoise ne dispose pas de ce genre de techniques substitutives.

Mais, à partir du moment où les organes ont gardé une capacité de fonctionnement (même réduite), la médecine chinoise peut, par l'intermédiaire du rééquilibrage énergétique, améliorer ce fonctionnement. Ainsi, elle soigne avec succès des pathologies aussi diverses que les troubles digestifs (colite, dyspepsie, constipation, lithiase biliaire, diarrhée, aérophagie, nausées, vomissements), les problèmes articulaires (arthrite, tendinites, entorses, lombalgies, dorsalgies, torticolis), les troubles cardiovasculaires (hypertension, hémorroïdes, insuffisance veineuse, palpitations), les problèmes dermatologiques (eczéma, acné, psoriasis, herpès), les maladies gynécologiques (douleurs de règles, syndrome prémenstruel, troubles de la ménopause…), etc. Nous pourrions en citer beaucoup d'autres, y compris les troubles psychologiques (angoisse, phobie, dépression) auxquels la médecine chinoise applique la même lecture énergétique qu'aux troubles physiques.

La durée des traitements dépend de la nature du trouble, de sa gravité et de son ancienneté. Certains symptômes aigus cessent après une ou deux séances d'acupuncture, alors que d'autres, chroniques, demandent une prise en charge plus longue associant gestes d'hygiène de vie quotidienne et interventions thérapeutiques régulières.

Un dernier point : la médecine chinoise et la médecine occidentale ne sont pas seulement complémentaires dans leurs principes et leurs zones d'action. Elles peuvent également cohabiter dans un seul et même traitement. Aucune interaction néfaste n'est à redouter. Dans les cas de pathologies graves nécessitant le recours à la médecine occidentale, l'association de traitements issus de la médecine traditionnelle chinoise permet de diminuer les doses de médicaments, d'atténuer les effets secondaires, de raccourcir la durée des médications. Pour ne citer qu'un exemple : certains cancérologues travaillent en collaboration avec des acupuncteurs pour préparer les patients à mieux supporter leur chimiothérapie, ce qui permet d'en diminuer considérablement les effets secondaires (nausées, fatigue...). Ces deux univers médicaux ont tout à gagner à mieux collaborer dans les décennies à venir.

Vous voilà prêt à pénétrer dans l'univers passionnant de la médecine chinoise. En route pour un périple au pays où l'énergie a force de loi...

1

L'ÉNERGIE DANS TOUS SES ÉTATS

Dès que l'on parle de médecine chinoise, une notion émerge, difficile à cerner pour nos esprits occidentaux : l'énergie. Cette énergie vitale anime les êtres humains, mais aussi tout ce qui vit dans ce monde : plantes, animaux… L'énergie, c'est même ce qui fait tourner les planètes. On peut imaginer que c'est elle qui réunit entre eux les différents composants de la matière : particules, atomes… Comme si les Chinois avaient entrevu, il y a plusieurs milliers d'années, cette force naturelle que les scientifiques occidentaux n'ont découverte qu'à l'aube de notre XXe siècle.

Dans notre langue, le mot « énergie » recouvre plusieurs significations. En ce qui concerne l'humain, il désigne la force, la vigueur, l'efficacité, l'action, la volonté. Dans un contexte scientifique, il s'applique à la chaleur, au mouvement, à la puissance des réactions physico-chimiques. Le terme est même utilisé pour désigner les matériaux énergétiques qui nous permettent de nous éclairer, de nous chauffer ou d'alimenter nos moyens de transport. Dans la tradition chinoise, le terme recouvre une réalité différente.

L'ÉNERGIE SELON LA TRADITION CHINOISE

Les Chinois appellent « *Qi* » cette force de vie qui anime l'univers tout entier. Nous avons traduit le terme par

« énergie », à défaut de trouver une expression mieux adaptée. Ce *Qi* n'est pas univoque. L'énergie qui nous constitue et nous permet de rester en vie se manifeste de plusieurs manières.

D'abord, elle est à la fois palpable et évanescente. Il est impossible de la visualiser ou de la toucher directement. Plusieurs équipes de scientifiques occidentaux[1] ont tenté d'objectiver l'énergie qui circule dans nos corps. Ces expériences se sont parfois avérées concluantes, mais elles ne sont généralement pas reproductibles selon les critères de la science occidentale. L'énergie continue donc à défier nos instruments de mesure les plus perfectionnés. En revanche, les effets de cette énergie sont parfaitement perceptibles, et c'est sur eux que se penchent les tenants de la médecine traditionnelle chinoise. Car, lorsque cette énergie est bloquée, entravée dans sa fluidité, perturbée dans sa nature, lorsqu'elle s'accumule dans une partie du corps ou qu'elle vient à manquer dans une autre, les réactions ne tardent pas à se manifester sous forme de troubles d'une extrême diversité.

Les différentes formes d'énergie

Dans l'un des textes fondateurs de la médecine chinoise, le *Nan Jing*, on peut lire : « Le *Qi* est la racine de tous les êtres humains. » Cette énergie fondatrice peut prendre plusieurs formes, selon qu'elle est condensée ou au contraire éthérée. C'est ainsi qu'elle nourrit nos corps mais aussi nos émotions ou nos idées. Le *Qi*, c'est la vie sous toutes ses formes, dans toutes ses manifestations. C'est le support de toute la pensée chinoise et le fondement de sa médecine. Tous les désordres physiques et psychiques sont considérés sous

1. Notamment les travaux effectués dans le service de médecine nucléaire de l'hôpital Necker, avec le Dr Jean-Pierre Darras, acupuncteur, au cours des années 1980.

l'angle des déséquilibres énergétiques, tous les traitements sous celui de son rétablissement.

Le *Qi* n'est pas une matière, c'est un mouvement permanent, un fluide, un écoulement, une onde… L'énergie vitale globale (*Zheng Qi,* comme la nomment les Chinois) circule dans notre corps à travers un réseau de canaux appelés « méridiens », jalonnés de points particuliers qui sont comme des portes d'entrée par lesquelles on peut agir pour réguler son flux. C'est sur ces points que travaille le praticien lors des séances d'acupuncture, le *Do-in* ou le massage thérapeutique.

Ce flux énergétique possède plusieurs sources. À notre naissance, nous sommes animés par une énergie que nous ont transmise nos parents. Les Chinois l'appellent *Yuan Qi*, ce qui signifie *Qi de l'origine.* C'est notre énergie primordiale, que nous pourrions qualifier d'héréditaire au regard des critères de la science occidentale. Constitué à la fois de l'énergie du père et de celle de la mère, ce *Yuan Qi* circule principalement dans les méridiens les plus profonds.

Notre énergie héréditaire a besoin d'être renouvelée tout au long de notre existence afin de ne pas s'épuiser. Ce renouvellement se fait grâce à l'air que nous respirons et à la nourriture que nous ingérons. Les aliments sont transformés en énergie par la Rate, et l'air par les Poumons. Jour après jour, cette énergie acquise, que les Chinois nomment *Zong Qi*, recharge nos organismes. La qualité de notre énergie vitale dépend donc, entre autres, de ce que nous mangeons et de l'environnement dans lequel nous vivons.

L'énergie *Wei Qi* est d'une autre qualité. C'est elle qui assure nos défenses contre les agresseurs extérieurs. Nous pourrions la qualifier d'énergie immunitaire, bien qu'elle ne concerne pas seulement le système physiologique qui nous permet de nous protéger contre les microbes. Cette énergie, la plus fluide et la plus rapide, nourrit à sa manière tous nos tissus : organes, muscles, peau…

Il faut ajouter à cette arborescence énergétique le *Jing*. Ainsi nomme-t-on l'énergie sexuelle, celle qui nous permet de nous reproduire, celle que nous transmettons à nos enfants *via* l'ovule lorsqu'on est une femme et le sperme lorsqu'on est un homme. L'énergie *Jing*, qui siège dans la région lombaire, entre les reins, anime notre sexualité. C'est une énergie très importante car, outre la procréation, elle participe aussi à l'entretien du cerveau, de la moelle osseuse et des glandes endocrines. Le vieillissement est dû à l'affaiblissement naturel du *Jing* au fil des ans.

Cet ensemble forme notre énergie vitale, un peu comme les rivières se rejoignent pour former le fleuve qui conduit à la mer. Si l'une est altérée, la qualité globale du *Qi* est rapidement affectée. Mais, à l'inverse, si l'on agit pour améliorer la qualité d'une énergie ou rétablir un flux plus harmonieux, tout l'ensemble s'en trouve régénéré.

Le yin et le yang

Le *Qi* dans son ensemble possède deux aspects, deux polarités opposées et complémentaires : le *yin* et le *yang*. On ne peut pas imaginer l'un sans l'autre. C'est de leur complémentarité que naît la vie. C'est de leur opposition permanente que se forme l'énergie dans laquelle baigne l'univers. Dans un des textes les plus anciens de la médecine chinoise, *Le Classique de l'empereur jaune*, il est écrit en substance : « Être en harmonie entre le *yin* et le *yang*, c'est la vie ; être en opposition avec le *yin* et le *yang* entraîne la mort ; vivre contre le *yin* et le *yang* apporte le chaos. »

Le *yin* et le *yang* sont présents partout dans la nature. Il ne peut y avoir de jour sans nuit ni de nuit sans jour. Il ne peut y avoir d'hiver sans été ni d'été sans hiver. Dans la calligraphie chinoise, l'idéogramme qui signifie « yang » désigne en même temps l'adret (le versant ensoleillé de la montagne), alors que celui qui signifie « yin » désigne l'ubac (le versant de la montagne qui se trouve à l'ombre). Et une montagne ne peut avoir un seul versant ! C'est dire si ces deux notions sont profondément inscrites dans la pensée chinoise. Là où nous, Occidentaux, voyons d'abord l'opposition, les Chinois perçoivent avant tout la dynamique qui naît de la complémentarité. Le *yin* et le *yang* sont deux principes interdépendants, qui se transforment sans cesse mutuellement, chacun influençant l'autre.

On a coutume d'accorder au *yin* et au *yang* les caractéristiques suivantes :

Yin	***Yang***
Nuit	Jour
Lune	Soleil
Eau	Feu
Froid	Chaud
Humide	Sec
Femme	Homme
Matière	Énergie
Lourdeur	Légèreté
Repos	Activité
Intérieur	Extérieur
Lenteur	Rapidité
Contraction	Expansion
Organes (pleins)	Entrailles (creuses)

En fait, cette notion possède une dimension supplémentaire : l'interaction entre les principes opposés, le changement permanent qui fait passer du froid au chaud, du sec à l'humide, de l'activité au repos, de la lenteur à l'activité... Cette dynamique incessante est incluse dans la notion même de *yin/yang*.

Le symbole graphique qui le représente montre bien l'incessante mouvance de cette dualité : un point noir subsiste au cœur même de la partie blanche, et un point blanc subsiste au centre de la partie noire, ces deux parties étant imbriquées dans le cercle de telle manière que l'une commence là où l'autre finit. Le *yin* peut se transformer en *yang*, et vice versa. Prenez l'eau : c'est un élément *yin* par excellence. Mais chauffez de l'eau et elle se transformera en vapeur, laquelle est *yang* ; en refroidissant, la vapeur redeviendra de l'eau, à nouveau *yin*.

La notion de *yin/yang* est importante en médecine chinoise. On la rencontre à différents niveaux. Les organes (Foie, Cœur, Rate, Poumon, Rein) sont *yin*, alors que les entrailles (Vésicule biliaire, Intestin grêle, Estomac, Gros Intestin, Vessie) sont *yang*. Cependant, certains organes, comme le Rein ou le Poumon, sont plus *yin* que d'autres. Les troubles énergétiques qui se manifestent par de la chaleur (fièvre, éruptions, rougeurs) sont de nature *yang*, alors que ceux qui se manifestent par du froid (pâleur, frissons, lenteur) sont *yin*. L'énergie vitale elle-même possède une composante *yin* et une autre *yang*. Normalement, les deux s'équilibrent. Lorsque l'une prend le pas sur l'autre, des déséquilibres s'installent qui se manifestent par des symptômes. Ainsi, une maladie peut être le résultat d'un vide de *yin* ou d'un vide de *yang*, d'un trop-plein de *yin* ou d'un trop-plein de *yang*. Les traitements viseront alors à rétablir l'équilibre entre ces deux composantes de l'énergie, par tous les moyens possibles : alimentation, plantes, intervention sur les points d'énergie… Les aliments et les plantes médicinales possèdent d'ailleurs eux-mêmes une nature plutôt *yin* ou plutôt *yang*, que l'on prend en compte pour déterminer les traitements.

Les méridiens : des canaux invisibles

Yin ou *yang*, héréditaire ou acquise, sexuelle ou immunitaire, l'énergie vitale doit circuler dans l'organisme pour nourrir les organes, les tissus, les fonctions vitales. Elle emprunte pour cela un réseau de canaux, les *méridiens*. Même s'ils n'ont pas de réalité physique, comme les vaisseaux sanguins, leur parcours est bien connu depuis plusieurs millénaires. L'impalpable énergie possède donc son propre circuit, tout aussi intangible sur le plan anatomique, mais parfaitement perceptible pour ceux qui pratiquent l'acupuncture ou la médecine chinoise.

Il existe plusieurs types de méridiens. D'abord, les méridiens principaux. Ils sont au nombre de douze, chacun alimentant en énergie un organe ou une « entraille ». Sur son trajet, chaque méridien fournit en énergie d'autres éléments corporels, notamment les organes sensoriels. Ces méridiens sont ceux du Foie, du Cœur, de la Rate, du Poumon, du Rein, de la Vésicule biliaire, de l'Estomac, de l'Intestin grêle, du Gros Intestin, de la Vessie, plus les méridiens Triple Réchauffeur et Maître du Cœur. Tous ces méridiens sont doubles : ils circulent, identiques, de chaque côté du corps[1].

À ces méridiens principaux sont couplés des méridiens à destination des muscles et des tendons, et des méridiens collatéraux (appelés méridiens *Lo*). Enfin, un dernier réseau existe à côté du précédent : celui des méridiens « curieux » ou « merveilleux ». On en compte treize : trois simples et cinq doubles. Dans ces méridiens curieux se propagent l'énergie héritée des parents *(Yuan Qi)* ainsi que l'énergie sexuelle *(Jing)*.

Certains méridiens circulent en surface et d'autres plongent dans les profondeurs de l'organisme. Tous communiquent entre eux grâce à des sortes de passerelles qui permettent à l'énergie de passer de l'un dans l'autre. En tout, ce sont 135 méridiens qui sillonnent ainsi notre organisme, lui fournissant l'énergie dont il a besoin à chaque instant.

Pour circuler dans les méridiens, l'énergie suit un emploi du temps bien réglé. Toutes les deux heures, elle passe d'un méridien à un autre de manière à visiter le corps tout entier au cours des vingt-quatre heures de chaque journée :

– de 3 heures à 5 heures : méridien du Poumon ;
– de 5 heures à 7 heures : méridien du Gros Intestin ;
– de 7 heures à 9 heures : méridien de l'Estomac ;
– de 9 heures à 11 heures : méridien de la Rate ;
– de 11 heures à 13 heures : méridien du Cœur ;
– de 13 heures à 15 heures : méridien de l'Intestin grêle ;
– de 15 heures à 17 heures : méridien de la Vessie ;
– de 17 heures à 19 heures : méridien du Rein ;
– de 19 heures à 21 heures : méridien Maître du Cœur ;

1. Voir le trajet de ces méridiens dans « La ronde des éléments », p. 33.

– de 21 heures à 23 heures : méridien Triple Réchauffeur ;
– de 23 heures à 1 heure : méridien de la Vésicule biliaire ;
– de 1 heure à 3 heures : méridien du Foie.

Ces canaux d'énergie sont jalonnés de points par lesquels on peut intervenir sur le flux énergétique. Ces points ont des localisations très précises et chacun possède une action particulière. Il existe près de deux mille points, dont trois cent soixante-cinq sont couramment utilisés car ils sont situés sur les méridiens principaux. Les autres sont des points « hors méridiens », d'un maniement plus difficile.

LES ORGANES : OBJETS ET FONCTIONS

Les méridiens d'énergie nourrissent principalement les organes et les entrailles. Lorsqu'ils parlent d'*organes*, les Chinois ne les désignent pas seulement en tant qu'instruments, en tant qu'outils biologiques. Ils groupent sous cette bannière l'organe, ses fonctions et ses relations énergétiques avec son environnement. Ainsi, lorsqu'ils évoquent, par exemple, le Rein, ils désignent l'organe lui-même, qui filtre le sang pour le débarrasser de ses déchets, mais aussi la Vessie qui lui est associée, les organes de l'ouïe, l'excès d'eau dans l'organisme... Et même la peur, qui est l'émotion relevant du Rein.

C'est ainsi tout un univers qui se dégage. Lorsqu'une personne perd brutalement sa joie de vivre ou l'acuité de ses papilles gustatives, le médecin chinois pourra soupçonner un déséquilibre dans l'énergie qui circule dans le méridien du Cœur.

Cette vision ne concerne pas tous les organes tels que nous les envisageons au regard de l'anatomie occidentale. D'abord, les Chinois ne reconnaissent que cinq organes majeurs : le Foie, le Cœur, la Rate, le Poumon et le Rein. Ce sont les organes « pleins », désignés en chinois par le mot

Zang. Ils se différencient des entrailles, « creuses », que sont la Vésicule biliaire, l'Intestin grêle, l'Estomac, le Gros Intestin et la Vessie. Celles-ci portent le nom de *Fu*. Chaque organe étant couplé à une entraille, ces ensembles sont désignés par le mot *Zang Fu*.

Qu'en est-il alors des autres organes ? Les organes sensoriels, au nombre de cinq, sont associés aux cinq organes majeurs et aux cinq entrailles. Le cerveau occupe une place à part, ainsi que le système nerveux, les organes reproducteurs et les glandes endocrines. En fait, la tradition chinoise reconnaît cinq entrailles curieuses : le cerveau, la moelle, les os, le sang et l'utérus. Globalement, les cinq organes majeurs ont un impact direct sur le renouvellement de l'énergie vitale, car ils sont impliqués soit dans la gestion et la transformation de la nourriture, soit dans celles de l'air et de l'eau. Les autres organes, qui ne font que préserver cette énergie vitale, ont un statut subalterne. Les cinq « entrailles curieuses » jouent, ensemble, un rôle énergétique important : elles assurent la solidité du squelette, contribuent à la circulation de l'information entre le cerveau et le reste du corps, et participent à la formation du sang.

Ainsi, en médecine chinoise, les organes ne sont pas seulement les « machines » qui permettent au « corps-usine » de fonctionner. Chacun est comme une toile d'araignée qui lance ses fils dans d'autres lieux du corps et les accroche sur d'autres fonctions vitales. Ces toiles communiquent entre elles pour former une superstructure capable d'entretenir la vie.

LE SANG ET LES FLUIDES VITAUX

Pour la science occidentale, le sang transporte les nutriments (oxygène, vitamines, protéines, sels minéraux…) jusqu'aux cellules. La médecine chinoise lui attribue d'autres fonctions. Ce liquide carmin qui coule dans nos veines, propulsé par les contractions cardiaques, est l'une des quatre substances fondamentales de l'organisme, avec le *Qi*, l'énergie *Jing* et les fluides vitaux. Ainsi, le sang possède deux natures : dans sa dimension yin, il fait partie des cinq « entrailles curieuses » ; dans sa dimension yang, c'est le sang circulant que nous connaissons.

Sur le plan énergétique, le sang est « gouverné » par le Cœur. Il faut entendre par là que l'énergie liée à cet organe participe à l'élaboration du sang et à sa circulation. Le sang abrite aussi le *Shen*, une entité psycho-spirituelle propre à la médecine chinoise[1]. Le sang contribue à faire circuler le *Qi*. Il assure aussi en partie l'humidification de l'organisme[2].

Ainsi, le sang intervient à tous les niveaux de l'équilibre psychique et physique. Lorsqu'il devient déficient, des troubles très variés peuvent apparaître. On parle ainsi de maladie par « vide de sang » du Foie, du Cœur ou de la Rate. Le sang peut également stagner dans certains endroits du corps, provoquant des symptômes de surcharge. Certaines douleurs, notamment, sont dues à une stagnation du sang. Des traitements énergétiques particuliers sont destinés à renforcer ce sang déficient ou à refaire circuler ce sang stagnant, afin de rétablir l'équilibre intérieur.

D'autres liquides sont impliqués dans le maintien de la santé en même temps que le sang. Ces fluides vitaux, aussi appelés « liquides organiques », portent le nom chinois de *Jin Ye*. Il s'agit de la sueur, des larmes, des sucs gastriques, de la salive, de la lymphe, des mucus… Lorsqu'ils sont sécrétés dans les profondeurs du corps (fluides *Jin*), ils servent avant tout à humidifier l'organisme et à le nourrir. Ils

1. Voir le paragraphe consacré au *Shen*, p. 28.
2. Voir « Le diagnostic en médecine chinoise », p. 69.

lubrifient notamment les articulations et nourrissent le système cérébro-spinal. Les fluides *Ye*, plus légers, sont dirigés vers l'extérieur du corps. C'est le cas, par exemple, de la sueur ou des larmes. Dans ce cas, il s'agit plutôt de nourrir la peau et les muscles. Il peut paraître étrange à nos yeux d'Occidentaux que la sueur puisse nourrir la peau, mais c'est une idée évidente pour ceux d'un Chinois !

Ces liquides sont formés, à partir de la nourriture, par les organes majeurs, surtout la Rate et, dans une moindre mesure, le Poumon et le Rein. Leur présence en quantité suffisante est essentielle, ainsi que leur circulation fluide et harmonieuse, car un organisme mal humidifié peut développer de nombreux troubles dus soit à la sécheresse dans les zones du corps où ils viennent à manquer, soit à l'excès d'humidité dans les régions où ils stagnent.

LE *SHEN* ET LES ÉMOTIONS : UNE VISION ÉNERGÉTIQUE DE LA PSYCHÉ

Le *Shen* est l'expression la plus éthérée, la plus subtile de l'énergie. C'est une notion qui n'existe pas dans la pensée occidentale. C'est, en quelque sorte, « l'Esprit » de l'énergie. Comme les organes et les entrailles sont au nombre de cinq, le *Shen* se manifeste de cinq manières différentes : le *Hun*, le *Po*, le *Yi*, le *Zhi* et le *Shen* lui-même. Ce sont les manifestations de l'énergie vitale qui nourrissent notre vie psychique. De la même manière que le *Qi* permet à notre corps de fonctionner, le *Shen* permet à notre pensée de se manifester. Notre pensée, mais aussi tout ce qui constitue notre vie intérieure, jusqu'à la spiritualité la plus élevée. Le *Shen* représente l'énergie de la conscience.

Les cinq aspects du *Shen* sont reliés aux cinq organes majeurs par l'intermédiaire des lois qui régissent les cinq éléments[1]. Ainsi, le *Hun* est lié au Foie, le *Po* au Poumon, le *Yi* à la Rate, le *Zhi* au Rein. Ces manifestations secondaires soutiennent le *Shen* lui-même, qui est couplé au Cœur. Chacun possède sa sphère d'action. Le *Shen* nourrit les qualités mentales : vigilance, concentration, faculté d'analyse et de compréhension. C'est lui aussi qui assure la qualité des nuits en permettant une alternance fluide entre l'état de veille et l'état de sommeil. Chacun de ses « aides de camp » le soutient à sa manière. Le *Yi* se charge plus spécialement des pensées. C'est l'énergie qui permet de réfléchir avec efficacité, d'aborder des problèmes et de trouver leur solution. À l'inverse, lorsque le *Yi* est trop faible ou perturbé, on a du mal à articuler les pensées et on se sent « la tête vide ». Le *Po* est plutôt en charge de notre instinct de conservation. Le *Hun* agit au niveau des émotions et de la mémoire. Enfin, le *Zhi* s'exprime par l'intermédiaire de notre volonté. Tous ensemble, ces différents aspects du *Shen* nous assurent l'équilibre, à la fois sur le plan des pensées et sur celui des émotions. S'ajoute à cela la dimension plus subtile de l'intuition et de l'élan spirituel, eux aussi nourris par le *Shen*.

La médecine chinoise répertorie cinq émotions qui prennent leur place dans la classification des cinq éléments puisqu'elles leur sont, elles aussi, associées. La colère, la joie, la rumination mentale, la tristesse et la peur sont prises en compte dans l'équilibre global, au même titre que le fonctionnement physique. Les débordements émotionnels (explosion de colère, diminution du potentiel de joie, tendance exagérée à la rumination mentale, tristesse incoercible, peur irraisonnée) sont des signes de déséquilibres énergétiques, au même titre que les symptômes physiques. La médecine chinoise est une approche psychosomatique.

---

1. Voir « La ronde des éléments », p. 33.

Les saveurs : un lien entre l'individu et le monde extérieur

La description que nous venons de faire de ces concepts originaux est schématique. En réalité, chacun d'eux est empreint de subtilités que nous ne pouvons exposer ici. Plonger dans l'univers de la médecine chinoise demande du temps, de l'attention et une grande patience. C'est comme nager dans un océan inconnu où l'eau n'aurait pas la même consistance que celle que nous connaissons. Cependant, un tel travail de simplification permet de se faire une idée de l'immense cohérence de la pensée chinoise en matière de santé. Les différents éléments que l'on doit prendre en compte, autant pour évaluer et entretenir l'état de santé que pour déterminer l'origine des maladies et les soigner, sont tous liés entre eux. Lorsqu'on touche à l'un, les conséquences se répercutent dans tout l'édifice comme les ronds qui se forment et se rejoignent à la surface de l'eau lorsqu'on y jette une poignée de cailloux. Et l'énergie, sous toutes ses formes, est au centre de cette cohérence.

C'est encore l'énergie qui fait le lien entre l'homme et certains éléments de son environnement qu'il peut utiliser pour entretenir sa santé et pour se soigner. C'est là qu'intervient la notion de *saveur*. Ce terme ne recouvre pas la même réalité que dans notre langage quotidien. La saveur d'un aliment ne se limite pas à son goût. Il faut considérer cette notion dans une acception plus large. La saveur d'un aliment ou d'une plante médicinale (de tout ce qui s'ingère, donc), c'est la qualité de son énergie.

Il existe cinq saveurs : amer, doux, piquant, salé et acide. Chaque saveur possède une fonction énergétique. Les aliments et les plantes de saveur acide « rassemblent » l'énergie. Ils ont un effet astringent. Ils resserrent les tissus et ralentissent l'évacuation des liquides. Les aliments et les plantes de saveur amère drainent la Chaleur hors de l'organisme. La saveur douce est équilibrante et nourrissante. Elle favorise globalement la production de l'énergie. La saveur piquante stimule la circulation de l'énergie et des liquides vitaux. Elle entraîne ces derniers hors du corps lorsqu'ils sont trop abondants. Enfin, les aliments et les plantes de saveur salée ont des vertus émollientes : ils assouplissent, purgent, dispersent…

Chaque saveur est liée à l'un des organes majeurs *(voir schéma ci-dessous)*. Absorbée en grande quantité, elle disperse l'énergie dans cet organe et la stimule dans l'organe qui le domine. Absorbée en petite quantité, elle régule l'énergie dans l'organe auquel elle est liée.

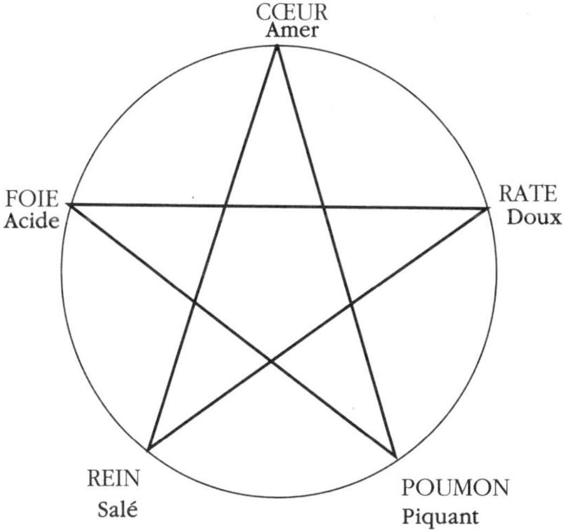

On peut ainsi utiliser les aliments et les plantes médicinales, en fonction de leur saveur, pour stimuler ou, au contraire, disperser l'énergie dans un organe, dans l'entraille qui lui est associée et, globalement, dans les méridiens correspondants.

2

La ronde des éléments

Comment réunir de manière homogène toutes ces données éparses (organes, entrailles, méridiens, saveurs, *Shen*, émotions...) afin de pouvoir les utiliser ? Les Chinois résolvent cette difficulté grâce aux éléments symboliques. Encore une fois, les conceptions orientale et occidentale ne correspondent pas exactement. Là où nous connaissons quatre éléments (l'air, l'eau, la terre et le feu), les Chinois en voient cinq : le Bois, le Feu, la Terre, le Métal et l'Eau. Ce ne sont pas seulement des symboles, mais des « forces en mouvement ». L'idéogramme chinois qui désigne ces éléments, *Xing*, représente une force qui se transforme sans cesse. Un élément n'est pas une image figée, mais une dynamique. « Plutôt que de parler d'éléments, nous devrions parler de mouvements, explique Philippe Sionneau, spécialiste de la médecine chinoise et auteur de nombreux ouvrages sur le sujet[1]. Ce sont cinq types de dynamismes, de natures, de qualités qui servent à étudier les caractéristiques spécifiques de toutes les manifestations, ainsi que leurs interactions. »

Ces cinq éléments correspondent donc aussi bien à des caractéristiques physiques qu'à des comportements ou des caractères. Ils sont liés à des types de réactions pathologiques,

1. Voir la bibliographie, p. 213.

à des faiblesses constitutionnelles, mais aussi à des qualités et à des forces. Chaque élément correspond également à une saison, un son, une note, une couleur, une saveur, une émotion. Ils constituent une grille de lecture qui permet de mettre en relation toutes ces données. À la lumière de ce qu'ils représentent, le médecin peut plus facilement comprendre l'origine des troubles dont souffrent ses patients et trouver les solutions les mieux adaptées.

Les éléments sont liés entre eux par des relations dynamiques dont nous parlerons plus loin[1]. De ce fait, ils sont toujours présentés dans un ordre précis. Le Bois est le premier des éléments, car il est lié au printemps, au renouveau. Ensuite vient le Feu, puis la Terre, le Métal et enfin l'Eau.

Le Bois : l'énergie changeante du printemps

Voici donc le premier des cinq éléments : le Bois. Il exprime l'activité fébrile du printemps, lorsque la nature se réveille après le long sommeil de l'hiver. Dans les végétaux, c'est la sève qui monte pour aller nourrir les jeunes pousses. Dans le corps, c'est l'énergie qui s'anime dans les méridiens associés à cet élément : celui du Foie et celui de la Vésicule biliaire.

L'énergie du Bois est vive, soudaine. Elle est annonciatrice d'évolution, de transformation, de germination, à l'image de ce vent de printemps qui emporte avec lui le pollen pour aller inséminer les fleurs qui donneront des fruits pendant la saison suivante. Pour l'heure, il s'agit de sortir de la torpeur hivernale et d'ouvrir la voie aux changements de l'année à venir.

---

1. Voir le paragraphe consacré aux relations entre les éléments, p. 64.

Planète	Jupiter
Direction	Est
Heure de la journée	Aurore
Qualité de l'énergie	Réchauffante
Organe	Foie
Entraille	Vésicule biliaire
Organe sensoriel	Yeux
Tissus	Muscles et tendons
Liquide organique	Larmes
Émotion	Colère
Saveur	Acide
Métal	Étain
Couleur	Vert
Note	*Jiao* (*la*)

TABLEAU DES CORRESPONDANCES
DE L'ÉLÉMENT BOIS

L'organe du Bois : le Foie

Lorsqu'ils parlent du Foie, les Chinois ne font pas seulement référence à cet organe lié à la digestion, qui sécrète la bile, filtre le sang et intervient dans le métabolisme des lipides, des glucides et des protéines. Ils lui associent d'autres fonctions :

– il est chargé de « gérer » l'énergie, d'assurer sa répartition dans l'organisme. C'est grâce à lui que l'énergie peut rester fluide et équilibrée ;

– il est aussi chargé de « stocker » le sang afin de pouvoir le diffuser dans le corps lorsqu'un organe en a besoin ;

– l'énergie du Foie nourrit d'autres tissus, notamment les tendons, les muscles et les ongles. La qualité de l'énergie du Foie se voit sur les ongles (taches, pâleur, friabilité…). Elle est également perceptible lorsqu'on observe la posture d'une personne : si l'énergie du Foie est perturbée, les tendons sont durcis et les muscles sont tendus ;

– il est étroitement lié aux organes de la vue. C'est l'énergie du Foie qui commande l'acuité visuelle, car cet organe est responsable de l'alimentation énergétique du nerf optique et de la rétine.

La Vésicule biliaire est l'entraille associée au Foie. Elle le soutient dans toutes ses fonctions. Elle est notamment active au niveau digestif et en ce qui concerne l'alimentation énergétique des yeux.

Les méridiens du Bois

Les deux méridiens étroitement associés à l'énergie du Bois sont donc ceux du Foie et de la Vésicule biliaire.

– *Le méridien du Foie :* il circule du bas du corps vers le haut. Son point de départ se situe sur le dessus du gros orteil. Il passe sur le dessus du pied puis sur la face interne de la cheville. Ensuite, après avoir frôlé la malléole interne, il parcourt la face interne du mollet jusqu'au genou, puis la face interne de la cuisse jusqu'à l'aine. Il contourne les organes génitaux, s'infléchit vers le flanc, contourne la poitrine, puis revient vers le cou.

– *Le méridien de la Vésicule biliaire :* il circule du haut du corps vers le bas. Son point de départ se situe sur le coin externe de la paupière. Il rejoint ensuite l'oreille, remonte par la tempe jusque sur le côté du crâne, avant de redescendre en contournant l'oreille. Il remonte par le côté du crâne jusque sur le front, puis repart en sens inverse et redescend le long du cou et de l'épaule. Il parcourt ensuite le buste et descend le long de la face externe de la jambe jusqu'à l'extrémité du quatrième orteil.

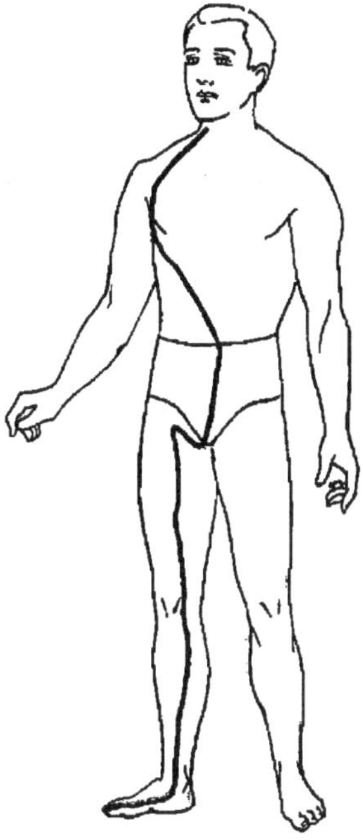

Méridien du Foie

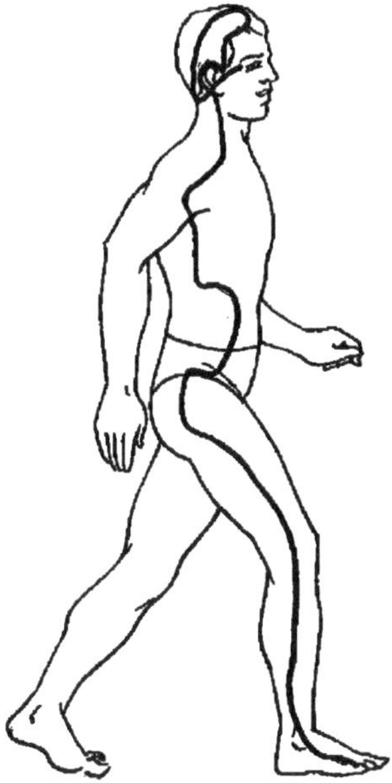

Méridien de la Vésicule biliaire

L'émotion du Bois : la colère

L'émotion associée à l'élément Bois est la colère. Lorsque l'énergie du Bois (Foie et Vésicule biliaire) est équilibrée et circule harmonieusement dans l'organisme, on ne se met en colère que pour des raisons valables, et sans que celle-ci n'entraîne de conséquences fâcheuses. Mais lorsque l'énergie du Bois est perturbée, la colère déborde parfois jusqu'à provoquer des crises.

Ces débordements émotionnels se manifestent différemment selon que l'énergie du Bois est en excès ou en vide. Les personnes sujettes à un excès d'énergie dans le méridien du Foie sont très irritables et explosent à la moindre contrariété. Elles sont impatientes, agitées, anxieuses. L'excès d'énergie dans le haut du corps provoque des rougeurs : joues, yeux… Il est aussi responsable de troubles du sommeil. Il pousse ceux qui en souffrent à soupirer bruyamment, comme pour évacuer un excès de pression intérieure.

Lorsque l'énergie vient à manquer dans le méridien du Foie, la colère n'est pas débordante mais rentrée. On se replie sur soi-même pour mieux ressasser ses contrariétés. On rumine, sans oser exprimer son ressentiment. L'anxiété cède la place à une angoisse diffuse, parfois complètement déconnectée de la réalité. On a l'impression qu'un danger guette. On redoute de sortir de chez soi et d'entrer en communication avec les autres.

Ce sont les ruptures dans les comportements habituels qui sont significatifs : une personne habituellement calme et posée qui se montre brutalement « à cran » ; une personne d'ordinaire aimable et extravertie qui se renferme sans raison et semble ressasser ses contrariétés… Dans ce cas, on peut penser à un déséquilibre dans l'énergie de l'élément Bois.

L'esprit du Bois : le *Hun*

L'esprit du Bois, cet aspect du *Shen* associé au Foie, s'appelle *Hun*. Il a pour tâche de réguler le flot des émotions afin d'empêcher leur débordement. Le *Hun* participe aussi à la mémoire en facilitant toutes les étapes du processus de mémorisation, notamment l'acquisition visuelle. Il est impliqué dans les rêves, dont il équilibre l'atmosphère. C'est également le *Hun* qui nous permet de développer l'intuition.

Les perturbations dans l'énergie du Bois ont un retentissement sur le *Hun*. Dans un des grands textes traditionnels de la médecine chinoise, le *Nei Jing Su Wen*, on peut lire : « Quand le Foie est en excès, on rêve de colère, de combat, de procès. Quand le Foie est en vide, on rêve que l'on vient nous saisir par-derrière pour nous jeter en prison[1]. » Lorsque le *Hun* est affaibli, la mémoire chancelle et l'équilibre émotionnel se fragilise.

Le *Hun* est lié à la pulsion de vie, à l'élan vital. Il entretient des relations très étroites avec le *Shen*, dont il est le fidèle lieutenant.

Les maladies du Bois

Les symptômes du Bois se manifestent brusquement, à l'image de l'énergie qui caractérise cet élément. Ils sont labiles, changeants...

Dans la mesure où l'énergie du Bois régule la circulation sanguine, son déséquilibre peut provoquer une Stagnation, ce qui se manifeste par des troubles digestifs (nausées, ballonnements, digestion lente), des maux de tête, des douleurs de règles, des hémorroïdes, des jambes lourdes, des varices, des troubles de l'érection...

Puisque l'énergie du Foie nourrit les muscles et les tendons, son déséquilibre provoque parfois des crampes, des spasmes, des contractures, des crises de spasmophilie...

L'énergie du Foie étant liée au fonctionnement des yeux, son déséquilibre peut aussi provoquer des baisses de la

1. Cité dans *Le Guide du bien-être selon la médecine chinoise*, du Dr Yves Réquéna, Éditions Guy Trédaniel, 2000.

vision, de la fatigue ou de la sécheresse oculaire, des conjonctivites.

L'excès d'énergie dans les méridiens du Foie et de la Vésicule biliaire peut aussi provoquer des réactions allergiques, des poussées d'hypertension d'origine psychosomatique (anxiété), des troubles gynécologiques, des déséquilibres thyroïdiens.

Le vide d'énergie provoque des maux de tête oculaires, des difficultés digestives associées à une mauvaise haleine, de la fatigue qui s'intensifie au printemps, des vertiges, de l'hypotension.

LE FEU : L'ÉNERGIE BRÛLANTE DE L'ÉTÉ

Planète	Mars
Direction	Sud
Heure de la journée	Midi
Qualité de l'énergie	Chaude
Organe	Cœur
Entraille	Intestin grêle
Organe sensoriel	Bouche
Tissus	Vaisseaux sanguins
Liquide organique	Sueur
Émotion	Joie
Saveur	Amère
Métal	Étain
Couleur	Rouge
Note	*Zhi* (*do*)

TABLEAU DES CORRESPONDANCES
DE L'ÉLÉMENT FEU

Le Feu est associé à la deuxième saison de l'année chinoise : l'été. C'est le temps de la maturité, lorsque les fruits ont mûri et sont prêts à être cueillis. L'énergie de l'été est chaude, sèche, mais aussi foisonnante. Une énergie d'abondance. Du moins tant que la Chaleur ne se fait pas trop puissante, auquel cas l'énergie de l'été devient brûlante, torride.

Dans tous les cas, c'est une énergie stimulante, qui pousse à une activité joyeuse. L'heure est aux longues journées et aux soirées qui s'étirent. En été, l'énergie qui circule dans les méridiens est puissante et vive.

L'organe du Feu : le Cœur

L'anatomie nous montre que le cœur est un organe essentiel, puisqu'il joue le rôle de pompe propulsant le sang dans les artères, et d'un fonctionnement simple comparé à d'autres. Pourtant, le cœur était autrefois considéré comme le siège des émotions dans la culture occidentale, comme en témoignent nombre d'expressions : avoir du cœur, avoir le cœur lourd ou au contraire léger, mettre du cœur dans ce que l'on fait… Aujourd'hui, on sait que, biologiquement, les émotions et les sentiments ont une existence physique dans le cerveau, et non dans le cœur.

Pour les Chinois, le Cœur est bien plus important que cela. C'est « l'empereur » de l'organisme. Tous les autres organes sont, en quelque sorte, ses « sujets ».

– L'énergie du Cœur gère la circulation du sang, dont le rôle dépasse celui de simple liquide nourricier[1]. Elle est

1. Voir le paragraphe sur le sang, p. 26.

responsable de la qualité de la circulation artérielle, mais aussi de la circulation veineuse.

– De l'énergie du Cœur dépend la qualité de tous les vaisseaux par lesquels le sang circule, des plus importants (artères) jusqu'aux plus petits (vaisseaux capillaires).

– Le sang lui-même est lié à l'énergie du Cœur, tant en quantité qu'en qualité.

– L'énergie chaude du Cœur a tendance à monter vers le haut du corps. C'est elle qui colore le visage. La pâleur est souvent le signe d'une faiblesse dans l'énergie du Cœur. À l'inverse, la tendance à rougir à la moindre émotion signe un excès dans l'énergie du Cœur.

– L'énergie du Cœur est liée aux organes du goût : la langue, les papilles gustatives... L'examen de la langue fait partie des gestes de base du diagnostic en médecine chinoise[1]. Son aspect donne des indications sur la qualité des différentes énergies, tout particulièrement celle du Cœur. La mobilité de la langue, et donc la facilité à s'exprimer par la parole, peut être entravée par une perturbation dans l'énergie du Cœur.

L'entraille associée au Cœur est l'Intestin grêle, dont l'énergie soutient celle du Cœur. En plus, l'Intestin grêle participe à la transformation des aliments en énergie. Plus exactement, son action se situe en amont puisqu'il trie les éléments utilisables qu'a laissés passer l'Estomac, et les transforme, les prépare pour que la Rate puisse les transmuter facilement en énergie vitale. Encore une fonction dans laquelle on perçoit bien la présence du Feu, cette énergie puissante qui transforme et transmute.

1. Voir « Le diagnostic en médecine chinoise », p. 69.

Les méridiens du Feu

Le Feu possède une caractéristique qui le différencie des autres éléments. Outre les méridiens correspondant à son organe et à son entraille, il nourrit deux autres méridiens directement liés à la fonction du Cœur : le Maître du Cœur et le Triple Réchauffeur.

– *Le méridien du Cœur :* il démarre au niveau de l'aisselle, puis il descend sur la face intérieure du bras jusqu'au poignet. Il traverse alors la paume de la main sur son bord externe et se termine à l'extrémité du petit doigt.

– *Le méridien de l'Intestin grêle :* celui-ci circule en sens inverse. Il démarre au bout du petit doigt, remonte le bord externe du bras jusqu'au coude, puis jusqu'à l'arrière de l'épaule. De là, il s'infléchit vers le milieu du dos, passant au-dessus des omoplates, monte sur le côté du cou, atteint le centre de la joue, puis repart vers l'oreille.

– *Le Maître du Cœur :* dans notre vision occidentale de l'anatomie, on peut dire que ce méridien correspond aux tissus qui enveloppent l'organe, et qui portent le nom de « péricarde ». Pour les Chinois, c'est un peu plus compliqué. Le Cœur est l'empereur de l'organisme. Le Maître du Cœur, c'est son image visible à nos yeux, c'est la pompe qui fait circuler le sang. Cette pompe est animée par le *Qi*, mais elle est « inspirée » par le Cœur. Le méridien Maître du Cœur démarre sur le côté de la poitrine, au-dessus du sein, il remonte autour de l'aisselle pour atteindre l'épaule, puis redescend le long du bras, au centre de sa face intérieure. Il atteint ainsi le poignet, traverse la paume de la main et se termine à l'extrémité du majeur.

– *Le méridien Triple Réchauffeur :* il régule, comme son nom l'indique, la température du corps. Rien d'étonnant donc à ce qu'il soit lié à l'élément Feu. Il participe également à la

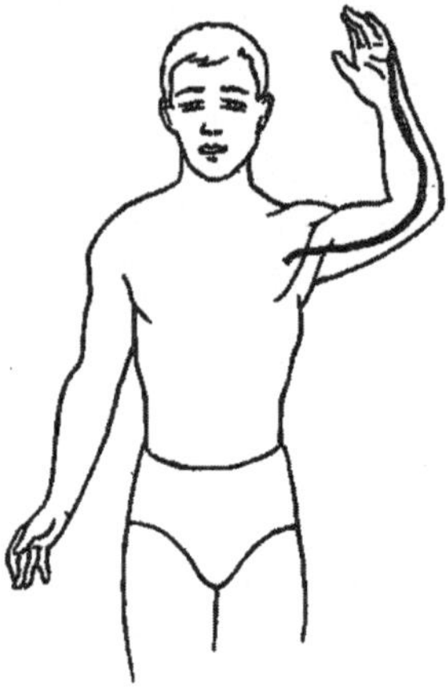

Méridien du Cœur

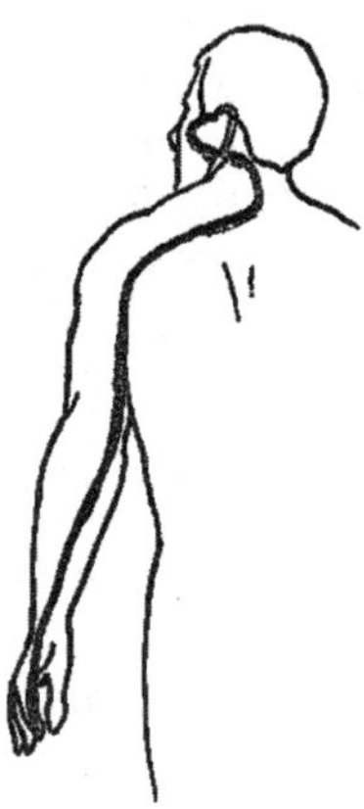

Méridien de l'Intestin grêle

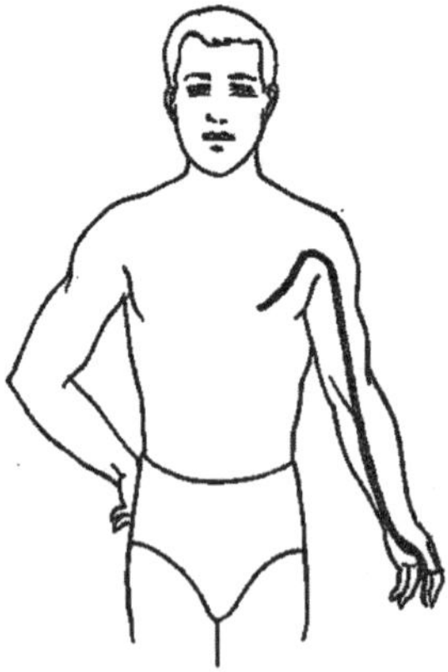

Méridien Maître du Cœur

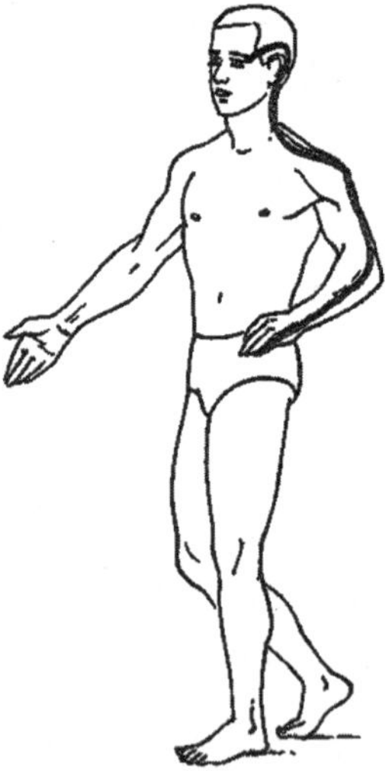

Méridien Triple
Réchauffeur

régulation des liquides dans l'organisme. Ce méridien démarre au coin supérieur externe de l'ongle de l'annulaire. Il parcourt ensuite l'arrière du bras, suit la courbe de l'épaule, monte le long du cou, contourne l'oreille par l'arrière, puis traverse la tempe pour se terminer au coin à l'extrémité externe du sourcil.

L'émotion du Feu : la joie

L'énergie du Cœur régule l'ensemble des émotions. Lorsqu'elle est équilibrée, on sait les éprouver tour à tour sans qu'aucune ne prenne des proportions déraisonnables. Cependant, une émotion est plus particulièrement associée au Cœur : la joie. C'est l'émotion positive par excellence, celle qui vous emplit sans raison et vous fait voir la vie comme ensoleillée. Certaines personnes restent joyeuses en toutes circonstances (ou presque !), ne perdant jamais l'entrain qui leur permet d'avancer et de trouver les bonnes solutions aux problèmes que la vie leur pose. Ceux-là ont une énergie du Cœur tout à fait harmonieuse et équilibrée. Lorsqu'elle se déséquilibre, les émotions s'en ressentent.

Lorsque l'énergie du Cœur s'emballe, les émotions suivent le mouvement. L'excitation l'emporte, et l'on passe de la joie à la déprime sans que cela soit motivé par les circonstances. L'humeur est en dents de scie. C'est un état propice à l'éclosion de passions subites, mais aussi d'explosions de toutes sortes.

Mais si l'énergie du Cœur vient à manquer, c'est la joie qui s'efface en premier. La vie se recouvre d'un voile terne. Le désir et l'envie s'estompent. On ne se sent ni mal ni bien, juste vide. Du coup, on doute de soi autant que des autres. Une tendance à la dévalorisation systématique évoque une faiblesse dans l'énergie du Cœur.

L'esprit du Feu : le *Shen*

Le *Shen* se manifeste de différentes manières, chacun de ses aspects étant lié à l'un des organes majeurs. Tous se réunissent pour former le *Shen* global, lequel siège dans le Cœur. Tous les aspects du *Shen* sont comme des ruisseaux qui alimentent un même lac. Et ce lac est associé à l'élément Feu.

Le Cœur s'occupe plus précisément de la conscience. Un *Shen* bien nourri par une énergie du Cœur équilibrée est garant d'une conscience claire. La vigilance, la capacité d'attention et de concentration sont liées au *Shen* du Cœur. La mémoire l'est donc aussi puisque de l'acuité de nos perceptions sensorielles dépend la qualité des informations que nous mémorisons.

Mais le *Shen* dépasse le niveau simplement cognitif. Un *Shen* équilibré permet d'être en harmonie avec ce qui nous entoure, à commencer par les humains. L'empathie est une des qualités du *Shen* du Cœur. Si cette énergie se déséquilibre, nous pouvons soit nous effacer pour laisser toute la place aux autres, dans un mouvement d'oblation exagéré, soit nous rigidifier et ne leur laisser aucune place. Le *Shen* du Cœur, au contraire, permet de trouver sa juste place dans les relations humaines.

Les maladies du Feu

Les troubles liés à une perturbation dans l'énergie du Feu se manifestent soit par un excès de Chaleur, de rougeur, de transpiration, soit par un ralentissement des fonctions. Ce sont donc, par essence, des troubles de l'excès ou de l'insuffisance.

Lorsque l'énergie du Cœur s'emballe, on peut ressentir des palpitations brutales. La peau manifeste cet excès par des éruptions rouges et chaudes. On transpire exagérément. On ressent une oppression dans la poitrine. Les troubles circulatoires sont fréquents et se manifestent aussi bien par de l'hypertension que par des problèmes de retour veineux (varices, jambes lourdes, hémorroïdes). La bouche peut être le lieu de manifestations brûlantes (ulcérations, aphtes). À l'extrême, l'excès de Feu peut provoquer des convulsions.

Le vide d'énergie dans le méridien du Cœur peut aussi provoquer des palpitations et de la transpiration excessive, mais, au lieu d'être associés à de la rougeur et de l'excitation, ces symptômes accompagnent pâleur et fatigue générale. La tendance est plutôt à l'hypotension. Si l'émotion est à fleur de peau, ce sont les larmes qui perlent et non la joie qui déborde. Au lieu de nourrir des projets, on se replie dans la nostalgie. Un vide dans l'énergie du Cœur peut également être source d'anémie.

La Terre : le centre et l'équilibre de l'énergie

Le Terre jouit d'une place à part dans la palette des éléments. C'est un peu « l'élément supplémentaire », en ce sens qu'il ne correspond pas à une saison clairement identifiée. La Terre, c'est l'été indien, cet intermédiaire entre l'été et l'automne, entre la vigueur et le repli, entre la chaleur et la fraîcheur. C'est le point d'équilibre à partir duquel on peut observer les débordements de la nature dans son ensemble.

La culture occidentale identifie quatre points cardinaux, quatre directions dans lesquelles peut se porter le regard : le Nord, le Sud, l'Est et l'Ouest. Les Chinois y ajoutent un point central : celui de l'observateur, la place à partir de laquelle on peut observer les quatre directions fondamentales. Cette notion de centre, d'équilibre se retrouve dans les caractéristiques de la Terre : le climat est doux à la fin de l'été, échappant aux foudres de la chaleur et précédant la fraîcheur de l'automne ; l'heure est à mi-chemin entre le zénith et le coucher du soleil, au milieu de l'après-midi ; la saveur est douce, ce qui ne signifie pas forcément sucrée, mais souvent neutre, c'est-à-dire ni acide, ni salée, ni amère, ni piquante. Donc centrale.

Malgré sa dimension « œcuménique », la Terre n'est pas un élément mineur dans la pensée chinoise. Au contraire. C'est l'élément central, celui à partir duquel les autres prennent leur relief.

Planète	Saturne
Direction	Centre
Heure de la journée	Après-midi
Qualité de l'énergie	Harmonisante
Organe	Rate/Pancréas
Entraille	Estomac
Organe sensoriel	Lèvres
Tissus	Muscles
Liquide organique	Salive
Émotion	Souci, ressassement mental
Saveur	Douce
Métal	Plomb
Couleur	Jaune
Note	*Gong* (*fa*)

TABLEAU DES CORRESPONDANCES
DE L'ÉLÉMENT TERRE

L'organe de la Terre : la Rate

Les Occidentaux qui pratiquent la médecine chinoise ont l'habitude d'associer à la Rate un autre organe, le Pancréas. On parle alors de l'entité Rate/Pancréas. Cette entité ne fait pourtant pas partie de la tradition chinoise. Physiologiquement, ces deux organes se situent dans le haut de la cavité abdominale, sous les côtes, au centre de l'organisme.

– L'énergie de la Rate est en charge, avant tout, de la transformation des aliments en énergie. Cette transformation est essentielle car d'elle dépend la bonne régénération de l'énergie prénatale avec laquelle nous venons au monde. Lorsque cette fonction est perturbée par un désordre énergétique dans le méridien de la Rate, c'est tout l'apport énergétique qui s'en trouve affaibli.

– Par ce biais, la Rate participe au maintien de l'équilibre pondéral. La maigreur autant que le surpoids sont souvent liés à des perturbations dans son énergie qui gère l'apport alimentaire.

– Ensuite, l'énergie de la Rate propulse cette nouvelle énergie tirée des aliments depuis le centre du corps vers sa périphérie. Elle participe ainsi à la répartition de l'énergie vitale dans tout l'organisme. Tout particulièrement dans le système musculaire, dont elle est également responsable.

– L'énergie de la Rate est aussi impliquée dans l'humidification du corps, une notion très importante en médecine chinoise car l'excès d'Humidité autant que la Sécheresse sont sources de maladies.

– Cette même énergie est garante de la cohérence interne car elle permet aux organes de rester à leur place. Une faiblesse dans l'énergie de la Rate peut provoquer des « descentes d'organes ».

Tout comme l'énergie du Cœur se reflète sur le visage, celle de la Rate est responsable de la coloration des lèvres. Elle assure aussi la production de la salive, liquide indispensable à l'assimilation des aliments et à leur transformation en énergie.

– Enfin, l'énergie de la Rate est liée au sens du toucher. Son équilibre nous assure une sensibilité tactile équilibrée.

La Rate est aidée dans ses multiples tâches par l'Estomac, l'entraille qui lui est associée. L'énergie de l'Estomac participe, notamment, à la transformation des aliments en énergie et assure sa répartition dans le bas du corps.

Les méridiens de la Terre

Ce sont ainsi deux méridiens qui diffusent dans l'organisme l'énergie liée à la Terre : la Rate et l'Estomac.

– *Le méridien de la Rate :* c'est un méridien ascendant, qui part du coin de l'ongle du gros orteil. Il monte ensuite le long de la jambe, sur sa face intérieure, puis de la cuisse. Il passe à l'extérieur des organes génitaux et continue à monter sur l'abdomen, puis il s'infléchit vers l'extérieur pour contourner les seins. Arrivé dans le creux de l'épaule, il redescend jusque sous l'aisselle.

– *Le méridien de l'Estomac :* ce méridien, qui circule en sens inverse du précédent, commence sur la pommette. Il parcourt la joue jusqu'à hauteur de la bouche, puis suit le bord de la mâchoire. Là, il se sépare en deux et une partie remonte le long de l'oreille et de la tempe jusque sur le côté du crâne. L'autre partie descend le long du cou jusqu'au creux des clavicules, puis il s'infléchit vers l'extérieur. Il descend verticalement sur le côté de la poitrine, puis revient vers le centre pour continuer sur l'abdomen, la face antérieure de la cuisse et de la jambe et le dessus du pied.

Il se termine au coin supérieur de l'ongle du deuxième orteil.

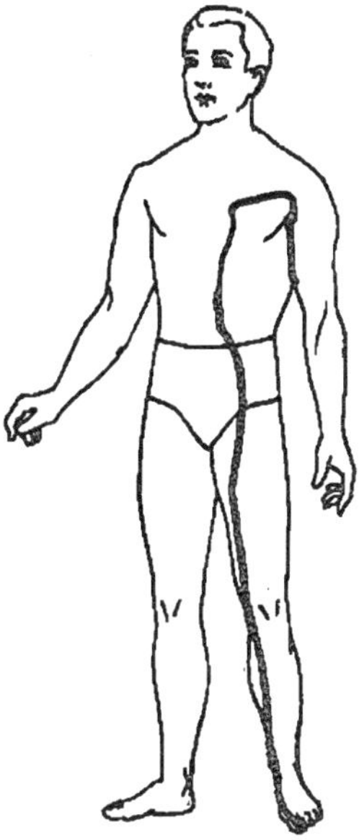

Méridien de la Rate

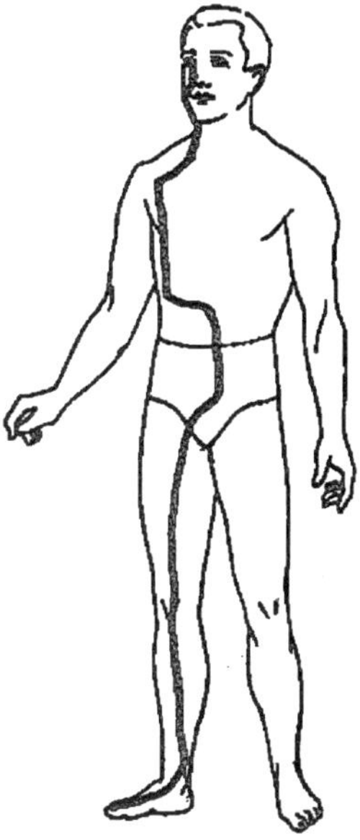

Méridien de l'Estomac

L'émotion de la Terre : le souci

La Terre est étroitement associée à l'idée de centre, d'équilibre, d'harmonie. Rien d'étonnant, donc, à ce qu'une énergie de la Terre harmonieuse et équilibrée assure un tempérament mesuré et calme. On n'associe pas vraiment une émotion à l'énergie de la Terre, mais plutôt un processus psychique : la pensée, la capacité de réflexion qui permet de tenir les excès émotionnels à distance. Cette faculté peut pourtant tourner à l'obsession mentale au moindre déséquilibre. C'est pourquoi on associe généralement à la Terre le souci, le ressassement mental.

L'excès d'énergie de la Terre n'existe pas. Seul le vide est envisagé en médecine chinoise. On a alors du mal à rassembler ses idées, on a la tête vide, des difficultés de concentration qui alternent avec des pensées obsessionnelles. L'humeur, plutôt gaie en cas d'excès énergétique, devient morose.

L'esprit de la Terre : le *Yi*

Le *Yi* est la partie du *Shen* qui concerne les pensées. Pas question ici d'intuition ou de pulsion spirituelle, c'est encore de processus mental qu'il s'agit. Le *Yi* est l'énergie qui nourrit nos facultés mentales, celles-là mêmes qui nous permettent d'équilibrer nos émotions. Le *Yi* possède une dimension apaisante, équilibrante. Un *Yi* puissant permet de penser de manière juste, sans excès, sans rumination.

Le *Yi* représente également ce qui nous permet de nous adapter à notre environnement, de l'expérimenter et d'en tirer des apprentissages. C'est lui qui coordonne l'action des différents aspects du *Shen*, afin qu'ensemble ils puissent s'exprimer dans toute leur dimension subtile.

Enfin, le *Yi* participe à notre faculté de concentration. On fait appel à lui notamment dans la pratique des arts martiaux, en même temps que le *Zhi* (l'esprit du Métal).

Les maladies de la Terre

La Terre étant l'élément de l'équilibre, toutes les ruptures dans l'harmonie énergétique de cet élément se manifestent par des symptômes de déséquilibre. Comme la Rate et l'Estomac sont garants de la transformation des aliments en énergie vitale et de sa répartition harmonieuse dans l'organisme, les maladies liées à cet élément se manifestent souvent sur le terrain métabolique.

Lorsque l'énergie est en excès dans les méridiens de la Rate et de l'Estomac, on peut souffrir de maux de tête, de difficultés digestives, mais aussi de diabète, d'hypertension, de surcharge graisseuse (surtout au niveau du ventre), d'inflammation intestinale, de problèmes cutanés (eczéma, mycose)...

En principe, l'énergie ne manque jamais dans les méridiens de la Rate et de l'Estomac.

Le Métal : l'énergie fraîche de l'automne

Les mois passant, nous touchons aux rivages de l'automne. Dans la nature, la sève commence à redescendre, préparant la période de sommeil qui va suivre. Les vendanges sont terminées, les fruits sont ramassés, les fleurs se font plus rares... L'énergie du Métal est à l'image de celle de l'automne : plus fraîche que les précédentes.

Le froid glacial n'est pas encore arrivé, mais les brumes matinales et vespérales envahissent les paysages. La lumière vive de l'été, qui s'est adoucie pendant l'été indien, commence à céder la place à l'ombre. Les nuits rallongent, les jours raccourcissent. Il faut se préparer à lutter contre les agressions de l'hiver qui s'annonce. L'énergie du Métal possède donc une dimension à la fois combative et nostalgique. C'est une énergie de reflux, de repli progressif, de deuil.

Planète	Vénus
Direction	Ouest
Heure de la journée	Soirée
Qualité de l'énergie	Rafraîchissante
Organe	Poumon
Entraille	Gros Instestin
Organe sensoriel	Nez
Tissus	Peau
Liquide organique	Crachat
Émotion	Tristesse
Saveur	Piquante
Métal	Cuivre
Couleur	Blanc
Note	*Shang* (*sol*)

TABLEAU DES CORRESPONDANCES
DE L'ÉLÉMENT MÉTAL

L'organe du Métal : le Poumon

C'est donc l'énergie du Poumon qui incarne, à l'intérieur du corps, l'énergie de l'automne. La fonction du Poumon dépasse le cadre de la respiration, même s'il y participe.

– Après que la Rate et l'Estomac ont transformé les aliments en énergie et qu'ils ont réparti cette dernière dans le haut du corps, c'est au tour du Poumon de la faire circuler vers le bas. C'est par lui que commence le cycle de la circulation énergétique, qui débute par un mouvement du haut vers le bas.

– Il gère, dans le même temps, la diffusion dans le corps de tous les liquides organiques. Ceux-ci sont, pour la plupart, fabriqués grâce à l'énergie du Rein et du Triple Réchauffeur, mais c'est celle du Poumon qui se charge de leur distribution. Le Poumon collabore d'ailleurs avec le Rein pour permettre l'élimination des déchets liquides.

– C'est encore lui qui assure la répartition de l'énergie « défensive », celle qui assure nos défenses contre les agressions extérieures (énergie *Wei*).

– Enfin, le Poumon se charge de transformer l'air que cet organe reçoit en énergie capable de circuler dans les méridiens et de nourrir les autres fonctions organiques. La respiration n'est pas considérée sous son aspect physiologique (fournir de l'oxygène aux cellules et évacuer le gaz carbonique), mais énergétique : son flux et son reflux rythment la diffusion de l'énergie dans tous les méridiens.

– L'énergie du Poumon est liée à la qualité de la peau et des phanères (ongles, poils, cheveux). Lorsqu'elle est bien équilibrée, la peau est claire et le teint rosé.

– Enfin, c'est grâce à elle que nous percevons les senteurs, puisque cette énergie, associée à celle du Gros Intestin, régit les organes de l'odorat.

Le travail sur la respiration est très important en médecine chinoise. Il fait partie intégrante de tous les exercices énergétiques. En effet, de même qu'une perturbation dans la circulation de l'énergie peut affecter l'amplitude et le rythme respiratoire (essoufflement, sensation de boule dans le thorax...), le contrôle respiratoire facilite la circulation harmonieuse de l'énergie dans tout l'organisme.

Le Poumon est soutenu dans ses différentes tâches par le Gros Intestin qui possède, en plus, une fonction de transformation et, comme en médecine occidentale, de transit.

Les méridiens du Métal

Les méridiens du Poumon et du Gros Intestin suivent chacun un parcours différent, le premier uniquement sur le haut du corps, le second du haut en bas.

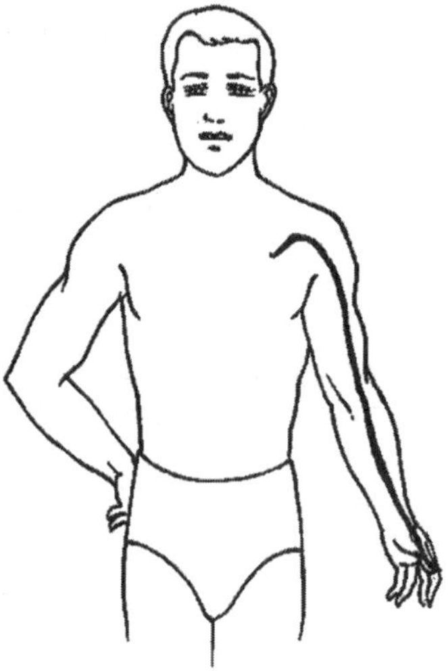

Méridien du Poumon

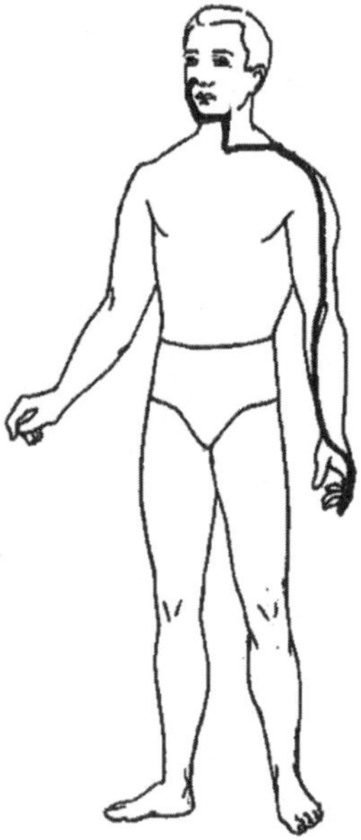

Méridien du Gros Intestin

– *Le méridien du Poumon :* il démarre dans le creux de l'épaule, monte légèrement puis descend sur la face interne du bras et de l'avant-bras jusqu'au bord externe du poignet. Là, il continue son chemin sur le bord de la paume et se termine à l'extrémité du pouce.

– *Le méridien du Gros Intestin :* il part de l'extrémité de l'index, parcourt le dessus de la main puis remonte sur la face externe de l'avant-bras puis du bras. Il dépasse le coude, monte le long du bras, suit la ligne de l'épaule, puis le cou. Il arrive sur le visage, traverse la joue, suit la lèvre supérieure et se termine à côté de l'aile du nez.

L'émotion du Métal : la tristesse

L'émotion associée à l'énergie du Poumon est à l'image de l'automne, cette saison qui rend nostalgique car on assiste au reflux de l'énergie qui a animé la nature pendant le printemps et l'été. Cette tristesse n'est pourtant pas forcément sombre. Lorsque l'énergie du Poumon est équilibrée, il s'agit tout au plus d'une nostalgie mélancolique. Mais une faiblesse dans cette énergie suffit à la transformer en véritable chagrin, de même que, dans l'autre sens, une grande tristesse provoquée par des événements extérieurs peut perturber l'énergie du Poumon.

Les personnes souffrant d'un excès dans l'énergie du Poumon deviennent pessimistes, mais leur humeur reste égale. C'est comme si elles se rigidifiaient pour se protéger (à l'excès !) contre la tristesse qui essaie de les envahir. Elles sont cassantes, tranchantes comme le métal. À l'inverse, les personnes qui souffrent d'un vide dans l'énergie du Poumon laissent davantage s'exprimer leur tristesse. Elles peuvent même sombrer dans une forme de dépression et laisser les larmes envahir leur vie.

L'esprit du Métal : le *Po*

Voici l'aspect du *Shen* le plus matériel, le plus palpable. Le *Po*, c'est un peu la « conscience du corps ». C'est cette énergie qui nourrit notre instinct de conservation, qui nous pousse à nous nourrir, à nous défendre, à nous reproduire pour assurer notre survie et celle de notre espèce. Le *Po*, c'est aussi « l'intelligence de nos organes ». Il est chargé de gérer la bonne collaboration entre l'énergie vitale, le *Qi*, et l'énergie sexuelle, le *Jing*.

C'est grâce au *Po* que nous savons, intuitivement, ce qui est bon pour nous et ce qui ne l'est pas. C'est le maître de nos désirs et de nos rejets, de nos attirances et de nos répulsions.

Mais attention : lorsque le *Po* devient trop puissant, il peut entraîner un excès qui se manifeste par une forme d'égocentrisme. Le *Po* correspond à peu près au « ça » de la psychologie occidentale, cette force psychique qui nous pousse à assouvir nos désirs à tout prix, au besoin en s'opposant à celui des autres. Comme le « ça » est contrôlé par le « surmoi » dans la conception occidentale, il l'est par les autres aspects du *Shen* dans la conception orientale. D'où la nécessité, une fois encore, d'avoir une énergie globale harmonieuse et équilibrée.

Les maladies du Métal

Les maladies liées au Métal sont nombreuses car une perturbation dans l'énergie du Poumon peut se répercuter dans l'ensemble du corps. Lorsqu'elle vient à manquer, c'est toute la diffusion de l'énergie vitale qui s'en trouve ralentie.

Un vide d'énergie dans les méridiens associés au Métal peut ainsi se manifester par des troubles respiratoires (toux grasse, essoufflement chronique), des problèmes rhinopharyngés (angine, laryngite, grippe, sinusite), mais aussi des problèmes de peau (psoriasis, acné, eczéma), des difficultés intestinales (constipation, colite), des rhumatismes (arthrite, arthrose), des baisses des défenses immunitaires.

À l'inverse, un excès d'énergie dans ces méridiens peut provoquer de la toux sèche et irritative, des bronchites aiguës, des rhumatismes localisés au poignet ou à l'épaule, de l'hypertension artérielle, des ulcères gastriques, des colites aiguës…

L'EAU : L'ÉNERGIE FROIDE DE L'HIVER

Nous voici arrivés à la fin de l'année. La nature s'est endormie. L'énergie *yin* est à son maximum, alors que l'énergie *yang* atteint son seuil le plus bas. La nuit l'a emporté sur le jour, le froid sur la chaleur, l'humidité sur la sécheresse. Cette période est pourtant féconde, à sa manière, puisque, dans les entrailles de la terre froide et humide, les graines se préparent pour la germination du printemps. C'est une période d'attente, de repos, mais pas d'inactivité.

Planète	Lune et Mercure
Direction	Nord
Heure de la journée	Minuit
Qualité de l'énergie	Froide
Organe	Rein
Entraille	Vessie
Organe sensoriel	Oreilles
Tissus	Os et moelle
Liquide organique	Urine
Émotion	Peur
Saveur	Salée
Métal	Mercure
Couleur	Noir
Note	*Yu* (*ré*)

TABLEAU DES CORRESPONDANCES DE L'ÉLÉMENT EAU

Dans nos corps, l'énergie correspondant à l'hiver gère à la fois ce qui est lié à l'Eau, à travers les méridiens du Rein et de la Vessie, et ce qui touche à la sexualité, à travers l'énergie *Jing* qui siège dans la zone des reins.

L'organe de l'Eau : le Rein

C'est donc le Rein qui est associé à l'élément Eau et qui le représente dans nos corps. La relation semble évidente puisque, aux yeux de la physiologie occidentale, les reins drainent hors du corps l'eau chargée de déchets métaboliques. En médecine chinoise, la fonction de cet organe dépasse ce cadre trop étroit.

– Le Rein se charge donc de gérer l'eau qui séjourne à l'intérieur du corps. Mais il ne remplit pas cette tâche tout seul. C'est le dernier maillon d'une chaîne impliquant d'autres organes. Rappelez-vous : le Poumon lui aussi gère les liquides, en les faisant redescendre vers le bas du corps jusqu'au Rein.

– Le Rein intervient aussi dans la régulation énergétique, en soutenant le fonctionnement du Poumon.

– Enfin, et c'est loin d'être le moins important, le Rein est le réceptacle de la précieuse énergie *Jing*. C'est, bien sûr, l'énergie de la sexualité. Une perturbation dans l'énergie du Rein peut donc avoir des répercussions sur la libido et la performance sexuelle. Mais le *Jing* exerce aussi une fonction métabolique importante. C'est grâce à cette énergie que notre corps sait se réparer lorsqu'il est attaqué par une infection ou une blessure.

– Les manifestations physiques du vieillissement (cheveux blancs, rides, trous de mémoire…) sont dues à une usure du *Jing*. Les personnes qui meurent de vieillesse s'éteignent à cause de l'épuisement de l'énergie *Jing*.

– L'énergie du Rein est également responsable de la qualité osseuse et de la régénération de la moelle.

– Enfin, l'énergie de cet organe nourrit les organes de l'audition et, dans une moindre mesure, les cheveux.

La Vessie, entraille associée au Rein, l'aide dans cette tâche en recueillant l'eau souillée et en l'évacuant.

Les méridiens de l'Eau

Le méridien du Rein, comme celui de la Vessie, parcourt le corps tout entier, du bas vers le haut ou du haut vers le bas.

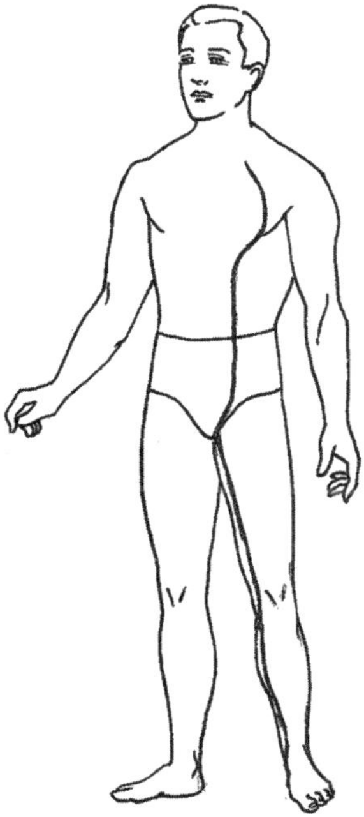

Méridien du Rein

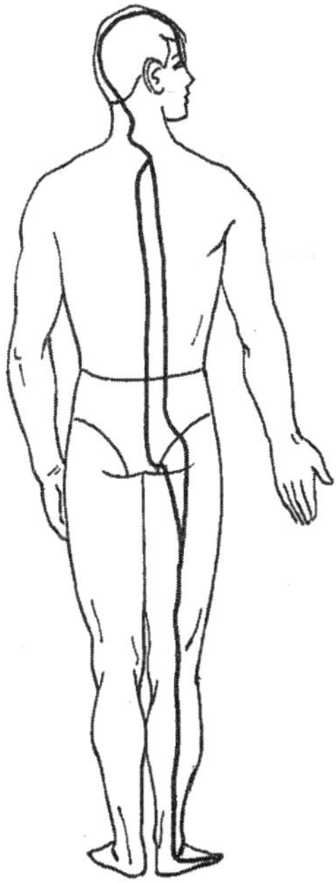

Méridien de la Vessie

– *Le méridien du Rein :* il démarre sous la plante du pied, à peu près au centre de la voûte plantaire. Il remonte par la face interne du pied pour rejoindre la cheville. Il dessine une boucle en arrière de la malléole, puis monte le long de la face intérieure du mollet, du genou et de la cuisse. Il passe alors sur l'abdomen, remonte de chaque côté de la ligne médiane jusqu'au plexus, puis s'infléchit vers l'extérieur pour se terminer sous les clavicules.

– *Le méridien de la Vessie :* il débute au coin interne de l'œil, à la racine du nez. Il remonte ensuite sur le front, puis sur le crâne qu'il parcourt en son milieu. Il redescend sur l'arrière de la tête, puis dans le cou. À la base du crâne, il se sépare en deux branches parallèles qui descendent, parcourant le dos, la fesse, la cuisse pour se rejoindre derrière le genou. De là, le méridien descend au milieu du mollet, atteint la cheville puis la face externe du pied. Il se termine à l'extrémité du petit orteil.

L'émotion de l'Eau : la peur

La peur liée à l'élément Eau, ce n'est pas la petite frayeur banale, mais plutôt le stress intense provoqué par l'imminence d'un accident grave. Les grandes peurs puisent dans l'énergie du Rein et l'affaiblissent.

La peur liée à l'énergie du Rein est un peu à l'image du tremblement de terre : la terre s'ouvre sous les pieds. On perd ses repères, on tremble, on claque des dents… C'est le domaine des grandes frayeurs qui rendent parfois incontinent car on n'est même plus capable de retenir l'eau de son propre corps.

La peur, qui fait partie des émotions de base dans toutes les cultures, possède une utilité. C'est toute notre relation au danger qui est en jeu. Si nous savons nous défendre et nous protéger, c'est que la peur nous donne conscience de la gravité de ce qui nous menace. Les problèmes viennent du déséquilibre dans cette émotion primaire.

Lorsque l'énergie du Rein est en état de vide, la peur s'immisce partout, par le moindre interstice de notre carapace psychique. Ce n'est plus une réaction brutale face à un risque réel, c'est un sentiment diffus, permanent, une « angoisse flottante » comme disent les psys. Cette peur latente a des effets délétères sur l'ensemble de l'énergie vitale, qu'elle grignote comme une petite souris.

À l'inverse, un excès dans l'énergie du Rein peut provoquer une insouciance, une témérité face au danger qui pousse à prendre des risques inconsidérés. La notion même de danger s'estompe puisque la peur n'est plus là pour la révéler à nos yeux.

L'esprit de l'Eau : le *Zhi*

Cet aspect du *Shen* est lié à la réalisation, à l'action, à la détermination. C'est l'expression de notre volonté. Les personnes très volontaires et opiniâtres ont un *Zhi* très puissant.

Le *Zhi* détermine la force de caractère, le désir puissant d'incarner dans la réalité ce que l'on pense et ce que l'on croit. Les personnes qui ont un *Zhi* puissant sont des meneurs, car cette énergie est attirante pour ceux qui n'en ont pas beaucoup. Il ne s'agit pas du charisme, qui relève du *Shen* du Cœur, mais d'une sorte de puissance communicative. À l'excès, cet aspect du *Shen* peut même conduire à une volonté de pouvoir incontrôlable.

Mais un affaiblissement du *Zhi* peut conduire à une sorte d'apathie, une perte de l'appétit de vivre et surtout de la volonté d'entreprendre.

La créativité est également liée à la force du *Zhi*. Cela concerne l'imagination, mais aussi (et surtout) la volonté d'entreprendre, d'inscrire dans le réel le produit de cet imaginaire.

Les maladies de l'Eau

Les maladies liées à l'Eau se manifestent souvent par un ralentissement de l'activité biologique et un refroidissement. Les tissus sont resserrés, durcis, comme l'eau se transforme en glace sous l'effet du froid.

Le vide de l'énergie du Rein se manifeste par de la faiblesse, physique, psychique ou sexuelle. Le désir s'amenuise. Il peut aussi prendre la forme de douleurs lombaires ou de sensation de lourdeurs dans cette région du corps. La relation étroite entre le Rein et le Poumon explique qu'une faiblesse de l'énergie du Rein peut provoquer des symptômes respiratoires (essoufflement, toux, asthme) et rhinopharyngés (angine, otite). Peuvent également apparaître des acouphènes ou des pertes d'audition, des œdèmes (ralentissement du rythme d'élimination urinaire), des calculs rénaux, des néphrites, des cystites chroniques.

L'excès de l'énergie du Rein (plus rare) se manifeste par de l'hypertension, des céphalées, des douleurs dorsales ou lombaires dues à des crispations musculaires, des infections aiguës (cystites, infections rénales)… Et parfois, même, par des hyperexcitations sexuelles.

Les relations entre les éléments

L'univers des éléments vient de se dessiner sous vos yeux. Un début de cohérence apparaît dans chacun d'eux, qui permet de mieux cerner à la fois ses forces et ses faiblesses. Dans leur démarche de diagnostic et de soins, les praticiens de médecine traditionnelle chinoise disposent d'un outil supplémentaire : les lois qui régissent les éléments. Car il ne s'agit pas seulement d'entités juxtaposées les unes aux autres. Toutes ces énergies, de nature ou d'attribution différentes, se complètent, s'engendrent, s'opposent selon des règles précises. Les éléments, leurs organes, leurs méridiens, leurs émotions, leurs *Shen* se muent ainsi en une composition mouvante mais homogène, à l'intérieur de laquelle chaque partie, même la plus infime, entretient des relations avec l'ensemble. Cette vision systémique, non seulement de la santé mais de l'humain tout entier et de ses relations avec l'univers, permet aux thérapeutes de se livrer à des analyses très fines des origines des troubles, d'associer entre eux des symptômes apparemment sans lien, et de procéder de plusieurs manières, différentes mais complémentaires, pour venir à bout des déséquilibres.

La loi de génération

Dans la nature, les saisons se suivent, se succèdent dans un ordre immuable. Il en est de même des éléments en médecine chinoise, et des énergies qui les animent. Les éléments sont ainsi liés par une loi « de génération », chacun procédant, d'une certaine manière, à la genèse énergétique du suivant.

Le cycle démarre avec le Bois. C'est lui qui signe le début de l'année puisque c'est l'élément du printemps. On a donc coutume de démarrer le cycle énergétique avec le Foie. Vient ensuite le Feu, associé à l'été et au Cœur. En médecine chinoise, on dit que le Foie transmet son énergie au Cœur, qui le suit dans la ronde des énergies. Le reste se déroule suivant le même schéma :

– le Cœur transmet son énergie à la Rate ;
– la Rate transmet son énergie au Poumon ;

– le Poumon transmet son énergie au Rein ;
– le Rein transmet son énergie au Foie ;
– le Foie transmet à nouveau son énergie au Cœur et ainsi de suite.

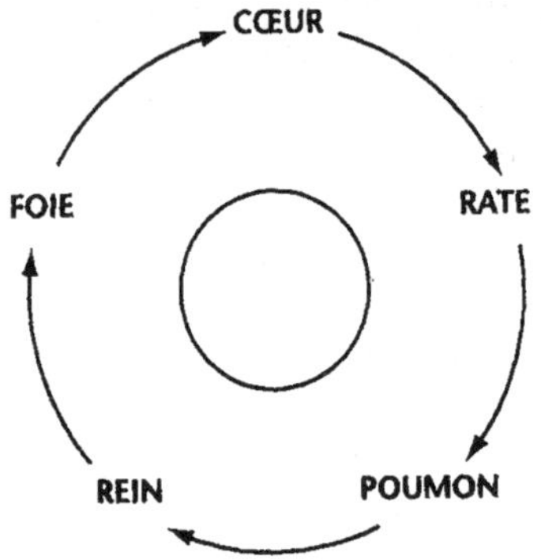

Cette loi trouve des applications immédiates. Un exemple : une personne qui souffre d'un vide du Rein ne reçoit pas suffisamment d'énergie pour nourrir cet organe. Cela signifie donc que le Poumon ne lui en transmet pas assez. En tonifiant l'énergie dans le méridien du Poumon, on relance la circulation de l'énergie en direction du Rein. À l'inverse, une personne qui souffre d'un trop-plein d'énergie au niveau du Cœur reçoit bien l'énergie du Foie, mais ne la retransmet pas suffisamment à la Rate. Ce type de démarche est toujours associé à d'autres gestes thérapeutiques, plus directement axés sur les symptômes eux-mêmes.

La loi de domination

Les organes sont liés entre eux par une seconde règle, aussi importante que la première : la loi de domination. En effet, de la même manière que l'hiver s'oppose à l'été, chaque élément, et à travers lui chaque organe, s'oppose à un autre qu'il domine. On peut dire ainsi que :

– le Foie domine la Rate ;
– la Rate domine le Rein ;
– le Rein domine le Cœur ;
– le Cœur domine le Poumon ;
– le Poumon domine le Foie ;
– le Foie domine à nouveau la Rate…

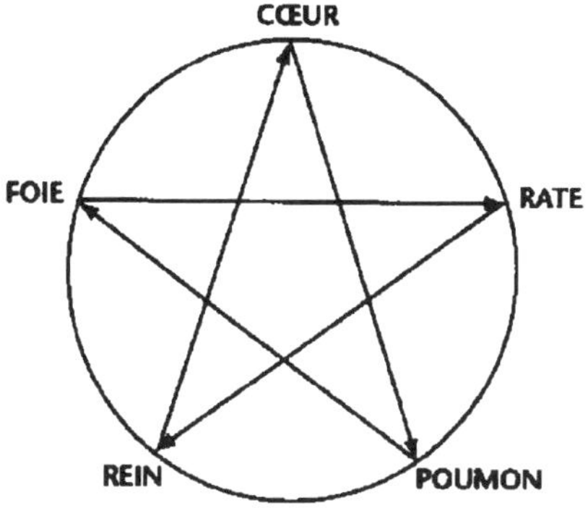

Cette domination d'un organe sur un autre se traduit par deux types de conséquences. D'abord, l'organe « dominant » a une position active sur l'organe qu'il domine. Il en contrôle l'activité. Mais l'influence s'exerce aussi en sens inverse, de manière passive, puisque l'organe dominé empêche le dominant de prendre sur lui un contrôle absolu. C'est ce que l'on appelle la « restriction ».

Ainsi, la puissance énergétique d'un élément ne peut jamais se développer exagérément au détriment des autres. Il existe des systèmes de contrôle et de rétrocontrôle qui assurent l'équilibre de l'ensemble. Lorsqu'un déséquilibre s'insinue tout de même dans le système, le médecin peut le rétablir en agissant à différents niveaux : en stimulant ou en freinant la domination d'un organe, en stimulant ou en freinant la restriction de l'organe opposé.

Cette loi de domination s'associe à la loi d'engendrement pour donner naissance à des traitements complexes qui peuvent agir en même temps sur les deux types de relations interénergétiques. Cependant, on estime que la loi de domination est plus efficace que la loi d'engendrement.

3

Le diagnostic en médecine chinoise

Nous allons maintenant entrer dans un nouveau domaine spécifique de la médecine chinoise : le diagnostic. Il est évident que cette médecine traditionnelle, vieille de plusieurs millénaires, n'a pas recours aux techniques d'investigation de notre médecine occidentale. Mais elle les a remplacées par de multiples outils. Ces derniers sont adaptés à la lecture énergétique des troubles, ainsi qu'à ce qui les provoque. Car les Chinois attribuent à des causes précises les déséquilibres énergétiques. Ces blocages dans les flux d'énergie qui sont à l'origine des symptômes ne sont pas dus au hasard...

Les causes des maladies

On distingue deux grands types de causes. Les premières sont dues aux conditions extérieures : froid ou chaleur, humidité ou sécheresse... Cet environnement, auquel nous devons nous adapter, demande à notre corps des efforts constants. Parfois, l'effort est trop important et notre énergie s'en ressent. Viennent ensuite les causes internes. La médecine chinoise a développé, dès ses premiers balbutiements, une vision psychosomatique de l'être humain. De la même manière que les déséquilibres énergétiques ont une influence sur l'harmonie des émotions, les orages émotionnels peuvent perturber l'équilibre de l'énergie. Les émotions, ou plutôt leurs excès, constituent donc des causes internes de maladie. S'ajoutent à cela des causes « inclassables », comme les erreurs alimentaires et le surmenage ou son opposé, le manque d'activité.

Les causes externes des maladies

La médecine chinoise a développé une vision de l'homme non seulement globale (on le considère toujours comme un « tout » et non comme un assemblage de « parties »), mais également intégrée dans un environnement. La relation étroite entre les saisons et les flux d'énergie en est un exemple. Dans un tel contexte, il semble naturel que les modifications importantes de l'environnement aient une influence sur l'équilibre intérieur de l'individu.

Dans les textes anciens, on décrit cinq causes externes : le Vent, la Chaleur, l'Humidité, la Sécheresse et le Froid. Encore et toujours cinq, comme les cinq saisons, les cinq organes majeurs, les cinq saveurs… De fait, chaque cause externe correspond à une saison : le Vent est associé au printemps, la Chaleur à l'été, l'Humidité à l'été indien, la Sécheresse à l'automne et le Froid à l'hiver. Cela ne signifie pourtant pas que le Vent soit susceptible de nous déséquilibrer seulement pendant le printemps. Non seulement nous pouvons être agressés par toutes ces causes tout au long de l'année, mais nous pouvons souffrir de ces déséquilibres même en dehors des conditions climatiques idoines. Notre corps peut manifester son malaise par un trouble de type Chaleur en hiver, ou de type Humidité en pleine sécheresse estivale. Chaque type de trouble possède donc ses caractéristiques qui permettent de les identifier et d'y apporter les solutions appropriées.

– *Le Vent :* les déséquilibres liés au Vent se manifestent rapidement, à l'image de ces bourrasques printanières qui se calment aussi vite qu'elles ont explosé. À l'intérieur du corps, le Vent provoque des mouvements d'énergie qui vont de l'intérieur vers l'extérieur, et du bas du corps vers le haut. Il se manifeste donc plutôt dans le haut du corps, et par des symptômes visibles. Le Vent, qui agite les feuilles dans les arbres, peut également produire dans l'organisme des symptômes de secousses ou de tremblements. Les maladies de type Vent se déplacent parfois dans l'organisme, comme ces douleurs labiles et pulsantes qui semblent changer de localisation sans raison. Ainsi, un rhume ou une grippe qui survient brutalement peut être lié au Vent, tout comme certaines éruptions cutanées, un mal de tête mal localisé, une fièvre accompagnée de tremblements.

– *La Chaleur :* elle aussi provoque des symptômes qui se manifestent dans le haut du corps, puisque la chaleur monte. Mais ceux-là sont accompagnés de rougeurs. Les éruptions cutanées, par exemple, sont chaudes et associées à des démangeaisons. Comme la chaleur assèche les liquides, les symptômes de Chaleur provoquent souvent une soif intense et peu de transpiration. Cette Chaleur, qui monte à la tête, brouille les idées, les pensées se font confuses, la nervosité gagne… L'angine peut être un symptôme de Chaleur, ainsi que les maux de gorge en général. Les rhumatismes en font également partie, surtout si les articulations sont rouges et chaudes (arthrite). Certaines infections localisées (cystite, conjonctivite) peuvent également exprimer un excès de chaleur dans le corps.

– *L'Humidité :* l'Humidité s'insinue partout, elle nous enveloppe d'un cocon collant qui nous freine dans nos activités. Les symptômes dus à l'Humidité lui ressemblent. Ils évoluent lentement. Ils entravent avec lourdeur le fonctionnement du corps. L'Humidité s'exprime en nous par des suintements latents, des écoulements de substances collantes qui peuvent entraver l'évacuation naturelle des liquides. Même la tête devient lourde, brumeuse. Les éruptions cutanées sont suintantes. Les œdèmes des membres font partie des symptômes d'Humidité, ainsi que les ballonnements abdominaux ou les troubles gynécologiques qui provoquent des écoulements. Souvent, les troubles dus à l'Humidité s'accompagnent d'une fatigue qui reflète, elle aussi, le ralentissement global de l'organisme consécutif à cet excès d'eau. Les rhumatismes sont typiques des maladies dues à l'Humidité.

– *La Sécheresse :* lorsque la Sécheresse s'installe, les liquides s'évaporent. Dans la nature, les cours d'eau s'assèchent. Dans le corps, ce sont les liquides organiques qui sont touchés. Le sang d'abord, qui a du mal à remplir ses fonctions énergétiques. Les autres liquides ensuite, qui, eux aussi, s'amenuisent et s'épaississent. La bouche est sèche, les selles sont dures, l'évacuation urinaire est ralentie. Le système respiratoire est irrité par le manque de sécrétions bronchiques. Les éruptions cutanées ne coulent pas mais provoquent des desquamations importantes (accumulation de cellules mortes). L'excès de Sécheresse peut provoquer des constipations tenaces ainsi que des troubles respiratoires (toux sèche et irritante, nez sec et bouché).

– *Le Froid :* lorsqu'il fait froid, la nature s'endort. Elle se recouvre d'un manteau de neige ou de givre et ses activités ralentissent. Dans le corps, le Froid provoque aussi des processus de ralentissement. Le maintien de la température corporelle se fait mal, les extrémités sont froides (pieds, mains, nez). Pour éviter la déperdition de chaleur, les tissus se contractent, les muscles se crispent. L'énergie est gênée dans sa circulation. Le Froid provoque des troubles qui se manifestent par des douleurs vives, comme des morsures, souvent soulagées par la chaleur. Les douleurs de règles signalent parfois une attaque de Froid, comme certaines douleurs articulaires violentes qui s'accentuent à l'extérieur et se calment dès qu'on rentre et que le corps se réchauffe. Les contractures musculaires peuvent faire partie des symptômes du Froid (dorsalgies, lombalgies) ainsi que certaines insuffisances hormonales.

Même si elle n'apparaît pas dans les textes classiques, il faut rajouter une sixième cause externe de maladie : la pollution. L'atmosphère souillée que nous respirons dans les villes, les substances toxiques que nous avalons dans l'eau, les résidus d'engrais et de pesticides chimiques qui contaminent notre alimentation quotidienne ont une incidence sur notre équilibre énergétique.

Toutes ces manifestations peuvent se combiner à l'intérieur de l'organisme pour former des maladies complexes. Ainsi, le Poumon peut subir une attaque de Vent Chaud ou de Vent Froid ; le Foie peut subir une attaque de Chaleur Humide ou de Chaleur Sèche… Dans tous les cas, il faut que l'énergie globale de la personne soit affaiblie pour que ces « ennemis extérieurs » puissent s'immiscer en elle. C'est pourquoi la médecine chinoise ne perd jamais de vue son objectif prioritaire de prévention, qui permet d'éviter que ces attaques externes n'atteignent leur but. Mais lorsque le mal est fait, lorsque la cuirasse énergétique a montré ses failles, il faut bien s'attaquer au problème. Et, dans ce cas, le fait de l'identifier permet de s'y opposer avec plus d'efficacité !

Les causes internes des maladies

Les déséquilibres énergétiques peuvent également être dus à des facteurs internes : les émotions. Celles-là ont une place très importante dans la médecine chinoise, comme nous l'avons expliqué dans le chapitre précédent.

Les cinq émotions fondamentales interagissent étroitement avec les énergies dont l'équilibre assure le maintien de la santé. Dans ce contexte, il n'y a rien d'étonnant à ce qu'une émotion particulièrement violente puisse perturber ce précieux équilibre. Un exemple : la colère. Cette émotion est associée au Foie. Si une situation de vie, une contrariété, une agression vous plongent dans une colère violente, l'énergie du Foie risque d'en être perturbée, ce qui peut se manifester par des symptômes physiques. De la même manière, si vous voyez une voiture arriver à grande vitesse au moment où votre petit garçon de cinq ans vous échappe et traverse seul la rue, vous serez probablement submergé par une peur intense. Cette émotion brutale a des chances de se répercuter sur l'énergie correspondante, celle du Rein, dont le déséquilibre provoquera des symptômes. Il en est de même avec les cinq émotions de base, chacune étant associée à un des cinq organes majeurs.

La violence des émotions n'est pas la seule susceptible de perturber l'équilibre énergétique. Lorsqu'une émotion s'installe de manière durable, au point de devenir chronique, elle peut également nuire à la bonne répartition de l'énergie vitale en la mobilisant de manière trop importante.

Les maladies peuvent ainsi être provoquées par ce que nous vivons, ce que nous ressentons, notre manière de réagir intérieurement au monde extérieur. Mais, en retour, les gestes thérapeutiques peuvent « soigner » nos débordements émotionnels comme ils soulagent nos maux physiques. Tout est intimement lié dans cette extraordinaire toile d'araignée énergétique.

Les autres causes des maladies

Restent quelques causes qui ne procèdent ni de ce que nous ressentons ni des conditions climatiques que nous subissons. Elles sont tout aussi importantes. Les Chinois en identifient trois : les erreurs alimentaires, les chocs physiques (traumatismes, blessures, accidents) et le surmenage.

– *Les erreurs alimentaires :* l'alimentation revêt une importance particulière en médecine chinoise, puisqu'elle peut devenir un véritable mode de soins[1]. À chaque organe est associée une saveur. Par le jeu de ces saveurs, on peut équilibrer, stimuler ou ralentir la circulation de l'énergie dans le méridien concerné. On comprend bien, alors, que le fait de manger trop souvent des aliments d'une saveur donnée (salée, douce, acide, amère ou piquante) peut déséquilibrer l'énergie et provoquer des maladies. Le problème vient souvent du fait que ces erreurs alimentaires se surajoutent aux autres causes de maladies et amplifient leurs effets. Ainsi, si votre Gros Intestin subit une attaque de Chaleur, vous risquez de souffrir de constipation. Les symptômes seront d'autant plus violents que vous consommerez beaucoup d'aliments acides, la saveur qui stimule l'énergie du Poumon (organe associé au Gros Intestin). À l'inverse, si vous consommez des aliments piquants, la saveur qui disperse l'énergie du Poumon, vous améliorerez les résultats de votre traitement.

En médecine chinoise, la notion d'équilibre alimentaire est donc bien plus sophistiquée qu'en médecine occidentale. Il ne s'agit pas seulement de ne pas abuser de graisses saturées pour éviter que les artères se bouchent, ou d'aliments sucrés pour échapper au risque de diabète ou à la prise de poids. Les aliments sont directement thérapeutiques. Le corollaire est inévitable : ils peuvent aussi avoir des effets délétères sur la santé.

– *Le surmenage :* la médecine chinoise, comme l'ensemble de la pensée développée par cette très ancienne civilisation,

1. Voir « Les outils thérapeutiques de la médecine chinoise », p. 81.

prône la « voie du milieu ». En toute chose, il est recommandé de rester mesuré. L'excès d'activité constitue donc une cause de perturbation de l'équilibre global. L'alternance entre l'activité et le repos est une des bases essentielles de l'entretien de la santé. Comme le jour suit la nuit, comme le printemps suit l'hiver, aux plages d'activité doivent succéder des plages de repos suffisantes.

Nous devrions même adapter notre rythme d'activité aux cadences naturelles de la Nature : travailler davantage en été, lorsque l'énergie du Feu (chaude, active, bouillonnante) est à son apogée ; travailler moins en hiver, lorsque l'énergie de l'Eau (froide, lente, stagnante) a pris le dessus. Hélas, nous vivons à rebrousse-calendrier : nous prenons nos vacances en été pour profiter de la chaleur et de la longueur des journées, et nous travaillons beaucoup en hiver, lorsque les nuits sont longues et froides et que la nature se repose.

En médecine chinoise, le temps de convalescence qui suit une maladie fait partie intégrante du traitement. C'est un temps nécessaire pour que l'énergie « consommée » par les forces de guérison puisse se reconstituer. Dans notre société occidentale, nous avons perdu de vue l'importance de la convalescence. Le poids de nos maladies sur la société se compte en journées de travail perdues, et il faut les limiter au maximum.

Enfin, l'excès d'activité sexuelle incontrôlée[1] est parfois considéré comme une forme de surmenage, à la fois physique et énergétique.

– *Les chocs et traumatismes physiques :* cette cause de maladie est évidente, pour la médecine occidentale comme pour la

1. Les Chinois ont une approche particulière de la sexualité, que nous ne développerons pas ici. Il s'agit, notamment, pour l'homme de retenir l'éjaculation afin d'économiser son énergie *Jing*, et même de la régénérer.

science chinoise. Mais pour cette dernière, les blessures, les accidents, les chocs ne font pas qu'abîmer le corps. Ils affaiblissent la partie de l'organisme qu'ils touchent, ce qui peut favoriser la pénétration d'une attaque climatique (Vent, Humidité, Chaleur...). Les conséquences des chocs traumatiques peuvent ainsi se manifester bien après que la blessure a cicatrisée.

Établir un diagnostic

Avant de choisir dans la vaste panoplie des outils thérapeutiques ceux qui conviennent à son malade, le médecin chinois doit déterminer quelle est l'énergie atteinte, de quelle manière et pour quelles raisons. Il dispose, pour cela, de gestes particuliers : la prise de pouls, l'examen de la langue, l'interrogatoire poussé... Là encore, l'approche est en parfaite cohérence avec le reste de l'édifice énergétique. En Orient, on emploie souvent la parabole de l'aigle et de la tortue. La tortue avance au ras du sol, lentement. Elle perçoit un à un les obstacles qui jalonnent sa route, et elle ne peut jamais anticiper ce qui l'attend. L'aigle, en revanche, vole au-dessus du chemin et son regard embrasse la totalité du paysage. Rien ne lui échappe, il a une vision d'ensemble et peut mieux s'adapter à ce qui l'attend. Les tenants de la médecine chinoise se plaisent à dire qu'ils agissent à la manière d'un aigle, alors que la médecine occidentale agit à la manière d'une tortue.

Le diagnostic chinois ne se contente pas de lister les signes apparents de la maladie, il cherche à en percevoir les origines, les causes cachées et à cerner l'ensemble des indices qui convergent vers le symptôme.

– La prise du pouls

D'ordinaire, nos médecins prennent le pouls d'un patient en posant deux doigts (l'index et le majeur) sur l'artère radiale, sur la face interne du poignet. Cet acte a pour but principal d'évaluer la fréquence des battements cardiaques. Certaines prises de pouls plus spécifiques (pouls carotidien qui renseigne sur l'état de la circulation cérébrale, ou pouls pédieux qui indique l'état de santé de la circulation artérielle dans les membres inférieurs) sont parfois utilisées dans des cas précis. Mais le rôle de la prise de pouls ne va pas plus loin.

En médecine chinoise, le pouls constitue un univers à lui tout seul. Sous les doigts du praticien, la pulsation peut être superficielle ou profonde, en avance ou en retard, pleine ou vide, grande ou petite, glissante ou râpeuse, longue ou courte, espacée ou serrée, molle ou dure, jaillissante ou évanescente, tendue ou détendue, alternante ou permanente, mais aussi plate, sidérée, impétueuse… On compte ainsi vingt-huit « qualités » différentes. Le médecin traque cette pulsation en divers endroits du corps – douze précisément –, chacun correspondant à l'un des méridiens principaux. L'ensemble de ces signaux permet de comprendre quelle est la nature du déséquilibre énergétique, son ampleur, son ancienneté… La prise de pouls est une part importante du diagnostic en médecine chinoise.

– L'observation physique

Cette observation dépasse le cadre de la clinique. Il ne s'agit pas seulement de pointer tous les symptômes et leurs manifestations. Le médecin chinois observe le teint de son patient, ses cheveux, ses ongles… Rappelez-vous : la Chaleur monte et se répand dans le haut du corps. Des joues très rouges peuvent signaler un excès de Chaleur. À l'inverse, le Foie participe à la bonne répartition du sang dans l'organisme. Des joues pâles peuvent révéler un vide dans l'énergie du Foie. De la même manière, à chacun des organes majeurs est associé un type de tissus (ongles, cheveux, peau, tendons…). La vitalité ou la faiblesse visible de ces tissus donnent des indications sur l'état d'équilibre de l'organe en question.

Un seul de ces signes ne suffit pas, bien sûr, à cerner un problème. C'est l'ensemble des signes, observés en synergie, qui se recoupent et finissent par dessiner un tableau cohérent. L'examen de la langue revêt une importance particulière. De nombreux éléments sont porteurs de signification : sa forme, sa couleur, son épaisseur, la couleur et la consistance de l'enduit qui la recouvre... Une langue enflée signale, par exemple, un excès d'Humidité dans l'organisme, alors qu'une langue sombre révèle un excès de Chaleur. Sur la langue, des zones précises correspondent aux principaux organes : le Cœur se reflète à la pointe, alors que le Foie s'exprime sur les côtés et le Rein au fond.

La langue est ainsi une sorte de carte sur laquelle se projette l'état de toute notre énergie vitale et ses éventuelles perturbations.

– L'interrogatoire

Après avoir observé son patient, le médecin chinois lui pose des questions. Avant d'écouter les mots que son patient prononce, il focalise son attention sur sa voix : sa puissance, son timbre, la manière dont il gère son souffle en parlant... Puis le thérapeute considère attentivement la teneur des réponses. Le patient est ainsi invité à parler de ce qu'il ressent physiquement (douleurs, gênes, malaises...), mais aussi de son rythme de vie, de ses goûts alimentaires, de ses émotions, de son hygiène de vie (activité sportive, consommation d'alcool, tabac ou café, qualité du sommeil...).

Ainsi, ce n'est pas seulement le symptôme que cherche à dévoiler le médecin chinois, mais la personne tout entière. Et c'est en mettant en perspective les nombreux éléments qu'il détecte qu'il parvient à comprendre l'origine de la maladie. Il n'a plus, alors, qu'à proposer son traitement.

4

Les outils thérapeutiques de la médecine chinoise

Ça y est ! Le diagnostic a été posé. Le médecin sait de quel déséquilibre souffre son patient, comment il se manifeste, quelle en est la cause… Il doit maintenant décider d'une marche à suivre pour que ce patient recouvre son équilibre et sa santé. L'acupuncture n'est pas le seul outil dont dispose le praticien en médecine chinoise, loin s'en faut. Cette pratique était même réservée, à l'origine, aux cas les plus sérieux. Lorsque le déséquilibre énergétique est plus léger et pas trop ancien, il peut être soigné uniquement avec des conseils alimentaires, des plantes médicinales, des massages…

La diététique énergétique

La science occidentale a développé une connaissance aiguë des plus petits composants à la fois des aliments (vitamines, minéraux, oligoéléments), des plantes médicinales (principes actifs) et de nos organismes. Les aliments comme les plantes médicinales sont donc considérés sous l'angle de leurs constituants et de la manière dont ceux-ci s'adaptent aux besoins de nos cellules. Une telle connaissance était hors de portée des Chinois il y a plus de trois mille ans, lorsqu'ils posèrent les premières bases de leur art médical. Si la médecine chinoise soigne grâce aux aliments, c'est en les envisageant sous un angle complètement différent : celui de leur nature énergétique.

Comme il y a cinq éléments, cinq organes majeurs ou cinq émotions fondamentales, il y a cinq saveurs. Mais lorsqu'ils parlent de saveur, les Chinois ne font pas seulement référence au goût de l'aliment. Il s'agit plutôt de lui attribuer une particularité énergétique. Ainsi, chaque saveur possède sa sphère d'action.

– *La saveur acide :* pensez à ce qui se passe lorsque vous croquez dans une tranche de citron. Immédiatement, dans votre bouche, les chairs se contractent. C'est que les aliments acides ont une action astringente. Les Chinois disent qu'elle « rassemble ». Cette action est valable aussi pour certains aliments qui n'ont pas un goût directement acide : l'abricot, la viande de cheval, le litchi... En resserrant les tissus, les aliments de saveur acide freinent l'évacuation excessive des liquides hors du corps (sueur, salive, mais aussi urines trop fréquentes, diarrhée ou écoulement nasal très liquide). La saveur acide est liée au Foie. Absorbés en petite quantité, les aliments de saveur acide contribuent à équilibrer l'énergie du Foie. Mais si l'on en absorbe beaucoup, ils freinent l'énergie du Foie et tonifient celle de la Rate.

Quelques aliments acides : la tomate, la cerise, la fraise, la grenade, l'orange, le pamplemousse, la pomme, la prune, le raisin, la pêche, la viande de faisan, le vinaigre, le citron, le coing, la goyave, le kiwi...

– *La saveur amère :* les aliments amers contribuent à chasser l'excès de Chaleur hors du corps. Ils sont donc utiles aussi bien pour soulager la fièvre que pour freiner les éruptions cutanées rouges et chaudes, soigner les états inflammatoires (cystite, conjonctivite), apaiser l'agitation mentale... La saveur amère est liée au Cœur. Absorbés en petite quantité, les aliments amers équilibrent donc l'énergie de cet organe. Mais si l'on en absorbe beaucoup, ils la freinent et tonifient celle du Poumon.

Quelques aliments amers : l'endive, la chicorée, le pissenlit, le céleri, l'asperge, le foie, le café, l'eau de fleur d'oranger, le thé…

– *La saveur douce :* c'est une saveur à la fois apaisante et fortifiante. Elle renforce l'Humidité des tissus, ce qui la rend utile en cas de Sécheresse. Mais attention : doux ne signifie pas sucré. De nombreux aliments de saveur douce n'ont pas du tout un goût sucré. Cependant, on retrouve dans l'énergie douce ce qui caractérise les sensations que l'on ressent lorsqu'on mange du sucre : les tensions se relâchent, les raideurs et les pressions s'évaporent… Dans l'organisme, les aliments de saveur douce agissent d'une manière proche car ils aident à relâcher les spasmes musculaires autant que la tension nerveuse. Dans le même temps, ils stimulent la production de l'énergie vitale, mais aussi des liquides organiques. Cette saveur est liée à la Rate. Elle équilibre l'énergie de cet organe lorsqu'on consomme des aliments doux de manière raisonnable. Mais si l'on en absorbe de grandes quantités, elle freine l'énergie de la Rate et tonifie celle du Rein.

Quelques aliments de saveur douce : la carotte, le champignon de Paris, le chou, l'épinard, le concombre, le haricot vert, le potiron, la fève, le petit pois, le riz, le blé, l'ananas, la banane, la cacahuète, la figue, la châtaigne, la mangue, la pastèque, l'œuf, le lait et les laitages, le miel, l'huile de sésame ou d'arachide…

– *La saveur piquante :* les Chinois disent qu'elle est « extériorisante ». Il faut entendre par là qu'elle sait rassembler l'énergie et la conduire de l'intérieur du corps vers l'extérieur. Elle fait de même pour les liquides organiques. Cette saveur stimule ainsi la transpiration, ce qui explique que l'on ait rapidement la sueur au front lorsqu'on déguste un plat très piquant. Les aliments de saveur piquante stimulent globalement la circulation de l'énergie, ce qui peut s'avérer utile lorsqu'un trouble est dû à une stagnation d'énergie dans un organe. Cette saveur est liée au Poumon. Lorsqu'on mange des aliments piquants en quantité raisonnable, ils équilibrent l'énergie de cet organe. Mais lorsqu'on en mange de grandes quantités, ils freinent l'énergie du Poumon et stimulent celle du Foie.

Quelques aliments piquants : l'ail, le céleri, la ciboulette, l'oignon, le radis, la pistache, le piment, le poivre, la cannelle, les boissons alcoolisées, le gingembre, la menthe, la noix muscade…

– *La saveur salée :* la dernière des cinq saveurs assouplit les tissus. Elle peut aider à éliminer les indurations de toutes sortes (kystes, nodules…). Comme elle est liée à l'énergie du Rein, elle provoque dans le corps un mouvement du haut vers le bas, comme l'Eau qui coule toujours vers le bas. Manger des aliments de saveur salée en quantité raisonnable équilibre l'énergie du Rein et favorise l'élimination naturelle des liquides corporels. Mais lorsqu'on en absorbe en grande quantité, ils freinent l'énergie de cet organe et stimulent celle du Cœur. Cependant, rappelons que la notion de saveur en énergétique chinoise dépasse les simples limites du goût. C'est particulièrement important en ce qui concerne la saveur salée, car manger trop de sel peut avoir des effets délétères sur la santé, notamment au niveau circulatoire et métabolique.

Quelques aliments de saveur salée : les algues, l'avoine, l'orge, les crustacés (crevettes, crabe…), les coquillages (huîtres, moules…), les poissons d'eau de mer et d'eau douce, le jambon, la viande de canard, les escargots…

À cette notion de saveur s'ajoute celle de nature. En effet, quelle que soit leur saveur, les aliments peuvent être de nature chaude, tiède, neutre, fraîche ou froide. Globalement, les aliments chauds (et, dans une moindre mesure, les aliments tièdes) stimulent le fonctionnement de l'organisme, au niveau de toutes les fonctions vitales. Il est conseillé de les consommer en priorité lorsqu'il fait froid à l'extérieur, mais aussi lorsque le froid se manifeste à l'intérieur de l'organisme. À l'inverse, les aliments froids (et, dans une moindre mesure, les aliments frais) ont tendance à freiner les fonctions vitales. Ils sont conseillés lorsqu'il fait chaud à l'extérieur ou qu'un excès de Chaleur interne provoque des symptômes. Entre ces deux extrêmes, on trouve les aliments ayant une nature énergétique neutre.

Quelques aliments chauds ou tièdes : les épices (gingembre, piment, poivre...), l'ail, le fenouil, le potiron, la châtaigne, la noix, la crevette, la moule, l'œuf, le lait de chèvre...

Quelques aliments frais ou froids : le chou, l'endive, la tomate, l'asperge, l'épinard, la banane, le melon, la fraise, l'huître, le poulpe, le crabe, l'escargot, le canard, le lapin...

Quelques aliments neutres : la carotte, la patate douce, le haricot vert, le petit pois, l'ananas, la noix de coco, le porc, le pigeon, la caille...

Ainsi, pour aider l'énergie du Foie lorsqu'elle est défaillante à cause d'une attaque de Froid, il faudra choisir des aliments à la fois piquants et chauds. Un grog épicé, avec du piment et du gingembre, pourra faire l'affaire. À l'inverse, pour calmer un excès énergétique dans le méridien du Cœur dû à une accumulation de Chaleur, il faudra privilégier des aliments à la fois amers et frais ou froids, comme les asperges ou les endives.

La phytothérapie énergétique

Les plantes médicinales ont une part très importante dans les traitements des déséquilibres énergétiques. Elles sont prescrites en mélanges contenant plusieurs plantes (jusqu'à une dizaine) qui agissent en synergie. Ces mélanges sont présentés sous forme de poudre ou de pilules dans lesquelles on trouve aussi, parfois, des produits animaux et des minéraux.

En énergétique chinoise, on ne choisit pas les plantes en fonction de leurs composants et de leurs principes actifs mais, encore une fois, de leur action énergétique. Comme les aliments, les plantes médicinales ont des saveurs : acide, amère, douce, piquante, salée. Par le biais de leur saveur, elles stimulent, freinent ou équilibrent l'énergie dans les méridiens des cinq organes majeurs et dans ceux des entrailles qui leur sont associées. Comme les aliments, elles ont aussi une nature énergétique (chaude, tiède, neutre, fraîche, froide) grâce à laquelle elles agissent en stimulant les fonctions ou en les ralentissant.

Certaines plantes chinoises courantes sont aujourd'hui diffusées en France : le gingembre, le ginseng... Mais c'est très peu au regard des dizaines de milliers de végétaux qui constituent cette pharmacopée. Même si l'on peut se procurer, *via* Internet ou quelques boutiques spécialisées, certains mélanges de plantes, il n'est pas facile de se soigner en Occident avec des plantes chinoises. D'autant que cela peut s'avérer dangereux, car leur production et leur consommation sont mal contrôlées[1]. Certains médecins ont contourné cette difficulté en parvenant à classer les plantes médicinales occidentales selon les critères de l'énergétique chinoise. « Il

1. On a déjà constaté des cas d'hépatite grave, voire mortelle, liés à la consommation de plantes chinoises achetées *via* Internet.

est extrêmement séduisant de jeter un pont entre le savoir chinois et la galénique occidentale, explique le Dr Yves Réquéna[1]. Pour cela, il faut classer les plantes occidentales selon les critères de la pharmacopée chinoise. Pour savoir quelle saveur associer à chaque simple[2], il a suffi de plonger dans les textes scientifiques modernes : on y trouve trace des cinq saveurs. » En fait, notre phytothérapie reconnaît des grandes classes pharmacologiques liées à la composition des plantes : certaines contiennent des acides organiques, d'autres des alcaloïdes, des mucilages et des acides gras, de la chlorophylle, du fer ou du soufre et, enfin, des sels organiques. En observant de près le mode d'action spécifique de ces grandes classes de plantes médicinales, on s'aperçoit qu'elles correspondent à celles des cinq saveurs :

- les plantes contenant des acides organiques ont une saveur acide ;
- les plantes contenant des alcaloïdes ont une saveur amère ;
- les plantes contenant des mucilages et des acides gras ont une saveur douce ;
- les plantes contenant de la chlorophylle, du fer ou du soufre ont une saveur piquante ;
- les plantes contenant des sels organiques ont une saveur salée.

Il devient ainsi facile d'utiliser notre pharmacopée occidentale selon les principes de la médecine traditionnelle chinoise. Reste la nature énergétique des plantes. Comme l'explique encore le Dr Réquéna[3] : « Les notions d'énergie *yin* et *yang*

1. Auteur, notamment, de *Acupuncture et phytothérapie*, Éditions Maloine, 1984.

2. Dans un langage populaire désuet, une « simple » est une plante médicinale.

3. Dans *Le Guide du bien-être selon la médecine chinoise*, Éditions Guy Trédaniel, 2000.

flirtent avec les notions occidentales de plantes toniques ou analeptiques (*yang*), par opposition aux plantes sédatives ou hypnotiques (*yin*). On peut également opérer un classement *yin/yang* en fonction de l'action qu'opèrent les plantes sur le système nerveux autonome sympathique et parasympathique. » Ce système gère nos activités biologiques : respiration, sécrétions hormonales, battements cardiaques… La branche « sympathique » est globalement stimulante, donc *yang*, alors que la branche « parasympathique » est globalement freinante, donc *yin*. Les plantes les plus *yang* sont chaudes, les plus *yin* sont froides, les natures intermédiaires se répartissent entre ces deux extrémités.

Considérées de cette manière, nos plantes occidentales se prêtent ainsi à une nouvelle classification. On peut dire, par exemple, que l'angélique est amère et tiède, l'hamamélis acide et frais, la gentiane amère et chaude, la mauve douce et chaude, la pulmonaire douce et fraîche… Ce regard énergétique posé sur les plantes occidentales n'a rien d'artificiel, comme le montrent les convergences des applications occidentale et orientale. Un exemple : le radis noir est couramment utilisé dans notre phytothérapie pour stimuler la fonction hépatique et nettoyer le foie. La classification énergétique lui reconnaît une saveur piquante. Or, cette saveur stimule l'énergie du Foie lorsqu'on la consomme en grande quantité. De la même manière, le fenouil, couramment utilisé en Occident pour ses vertus diurétiques, possède une saveur douce et une nature chaude qui stimulent l'énergie du Rein.

LE *QI GONG* : UNE GESTUELLE QUI RÉGULE L'ÉNERGIE

Pour réguler l'énergie vitale, la médecine chinoise propose également la pratique du *Qi Gong*. Il s'agit de postures, immobiles ou en mouvements, uniques ou enchaînées, qui sont spécialement conçues pour agir sur les différents méridiens en tonifiant ou en dispersant l'énergie qui y circule. Le *Qi Gong* n'est pas seulement un instrument de bien-être, c'est une véritable thérapeutique. En Chine, de nombreux hôpitaux inscrivent le *Qi Gong* dans la liste de leurs soins officiels. Certains établissements spécialisés en font même le centre de leur programme.

La pratique du *Qi Gong* repose sur la précision des gestes, la concentration mentale, le contrôle respiratoire, la fluidité des mouvements qui peuvent parfois ressembler à une danse lente. Les personnes qui pratiquent régulièrement (au moins une fois par jour) utilisent cette technique à titre préventif, pour entretenir leur énergie vitale, tonifier leur organisme, équilibrer leur fonctionnement nerveux et même retarder les effets du vieillissement. Car le *Qi Gong* permet, notamment, d'entretenir l'énergie *Jing* dont l'usure est responsable des effets délétères de l'âge. Le *Qi Gong* médical est plus précis, des exercices plus spécifiques étant prescrits au patient en fonction de son état de santé et de ses blocages énergétiques.

Voici, à titre d'exemple, quelques exercices de *Qi Gong* :

– *Étirement du méridien du Foie :* cette posture stimule l'énergie dans le méridien du Foie, ce qui permet d'améliorer le fonctionnement hépatique, de tonifier la circulation sanguine et d'entretenir la vision.

- Écartez largement vos pieds et fléchissez vos jambes. Puis, en expirant, basculez le poids du corps sur la jambe droite et baissez-vous en pliant cette jambe. La jambe gauche doit rester tendue, le pied posé à plat sur le sol.

- Restez ainsi quelques instants, sans aller jusqu'au bout de votre flexion, puis remontez et procédez de la même manière de l'autre côté.
- Au début du mouvement, vos bras sont arrondis à hauteur de la poitrine, les paumes des mains tournées vers le sol. Lorsque vous descendez, vous écartez votre main du côté de la jambe tendue et vous tournez légèrement la tête pour la suivre des yeux.

– *Le tigre renverse la montagne :* cet exercice, qui agit sur l'énergie du Cœur, facilite sa fluidité et la rapidité de sa circulation. Il aide à lutter contre les palpitations, l'oppression respiratoire et l'hypertension artérielle.

- Vous êtes debout, les pieds écartés de la largeur des épaules, le dos droit, la tête dans le prolongement de la colonne vertébrale, les bras le long du corps.
- Inspirez lentement et profondément en faisant monter vos mains jusqu'à hauteur de vos épaules, paumes vers le sol, coudes écartés.
- Pendant que vous continuez à inspirer, ramenez vos coudes vers le sol de manière à ce que les paumes de vos mains soient tournées vers l'avant.

- Expirez en fléchissant légèrement les genoux et en poussant lentement vos mains devant vous, comme si vous deviez repousser une force importante.
- Recommencez plusieurs fois.

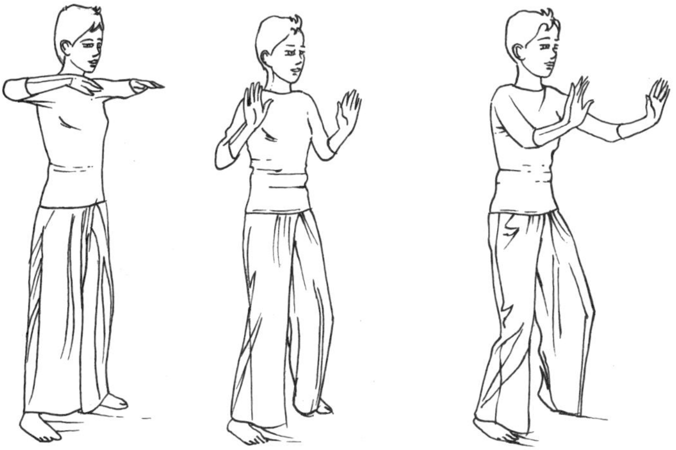

– *La posture des quatre éléphants :* cet exercice tonifie l'énergie du Rein. Elle renforce l'énergie *yang*. Elle stimule globalement l'énergie vitale, chasse la fatigue, améliore le fonctionnement sexuel.

- Vous êtes debout, pieds joints, la colonne vertébrale bien droite, la tête dans le prolongement, les bras le long du corps.
- En inspirant, vous écartez les pointes des pieds en gardant les talons joints et vous fléchissez légèrement les genoux. Puis vous montez vos bras devant vous en les arrondissant jusqu'à ce que vos mains soient devant votre ventre. Vos poignets restent souples. Vous imaginez que vous tenez un ballon d'énergie entre vos mains.

- En expirant, portez votre attention sur la région lombaire et imaginez que l'énergie du ballon vient nourrir toute cette zone.
- Maintenez la posture jusqu'au bout de l'expiration, puis revenez à la position initiale et recommencez.

LE MASSAGE TRADITIONNEL : *TUI NA*

Même si la tradition du massage est moins répandue en Chine que chez sa voisine, l'Inde, cette pratique fait partie de l'arsenal thérapeutique. Il existe deux types de massages. Le premier, baptisé *An Mo*, est un massage relaxant, davantage axé sur le bien-être et la détente. Le second, appelé *Tui Na*, est un véritable massage thérapeutique, pratiqué même en milieu hospitalier. La Chine est un immense pays et les techniques du massage *Tui Na*, dont l'origine est très ancienne, se sont développées de manière différente selon les régions. On retrouve tout de même des gestes de base communs à toutes ces versions.

Le but de ce massage est d'équilibrer les différentes énergies, ainsi que les liquides vitaux (sang, fluides...). Avant de commencer son massage, le praticien se livre donc à une observation de son patient et à un interrogatoire précis qui lui permettent d'établir un diagnostic énergétique. Lorsque son patient souffre d'un problème précis, le masseur cherche à en trouver l'origine afin de soigner les causes. Lorsqu'il s'agit simplement d'un massage d'entretien, il s'efforce de pratiquer un rééquilibrage global.

Les gestes de ce massage ont, sur l'énergie, un effet dispersant ou, au contraire, tonifiant. Selon que les tissus sont souples sous sa main, relâchés, ou au contraire tendus et fermes, le masseur choisit de tonifier l'énergie ou de la disperser. Il optera, dans le premier cas, pour des gestes rapides et puissants, dans le second cas pour des gestes plus lents et profonds. Le massage peut suivre le trajet de certains méridiens particuliers si le déséquilibre énergétique est bien marqué, ou couvrir l'ensemble du corps s'il s'agit d'un rééquilibrage global. Schématiquement, lorsqu'on masse un méridien dans le sens de sa circulation, on stimule l'énergie correspondante, alors qu'en sens inverse, on la disperse.

Une séance de *Tui Na* dure environ une heure, parfois davantage si l'état du patient demande un soin plus approfondi. Le nombre des séances indispensables pour obtenir un résultat durable dépend de la nature du problème. Lorsqu'il s'agit d'un simple entretien, une séance par mois est suffisante. Lorsque la personne souffre d'un problème aigu, les séances doivent d'abord être rapprochées (deux fois par semaine), puis elles s'espacent dès que les symptômes commencent à se calmer. Lorsqu'une personne souffre d'un trouble chronique, les séances sont d'emblée plus espacées (dix à quinze jours). Il faut compter, en tout, une dizaine de séances en moyenne. Lorsqu'il est utilisé à des fins thérapeutiques, le *Tui Na* s'ajoute souvent à d'autres gestes quotidiens (alimentation, plantes, exercices de *Qi Gong*...).

LE MASSAGE DE POINTS : *DO-IN*

Contrairement au *Tui Na*, qui s'intéresse à l'ensemble du corps et au trajet complet des méridiens, le *Do-in* se penche plus particulièrement sur les points énergétiques qui jalonnent leur parcours. Ce sont les mêmes points que l'acupuncteur pique avec ses aiguilles ou chauffe avec ses moxas[1]. Ce massage possède, avant tout, une dimension préventive puisqu'il permet de rééquilibrer l'énergie dès que sa fluidité est entravée. Mais il peut aussi avoir une portée directement curative, puisqu'il permet d'agir avec précision sur les points d'acupuncture.

Le *Do-in* est couramment utilisé aussi bien pour tonifier la peau que pour activer la circulation sanguine et lymphatique, stimuler le fonctionnement des organes et le métabolisme, réguler l'activité du système nerveux (insomnies, nervosité, anxiété)... Comme le *Tui Na,* il est utilisé seul ou en association avec d'autres thérapeutiques.

Le *Do-in* est pratiqué par des thérapeutes formés à percevoir l'état de l'énergie vitale et à déterminer l'emplacement précis des points qu'ils doivent traiter. Certains de ces points sont plus faciles à trouver que d'autres et peuvent facilement être stimulés en automédication. C'est l'un des avantages de cette technique : on peut l'intégrer à l'hygiène de vie quotidienne. Cependant, une séance d'auto-*Do-in* ne remplace pas l'intervention d'un spécialiste.

---

1. Voir le paragraphe consacré aux moxas, page suivante.

Schématiquement, pour stimuler la circulation de l'énergie dans un point où l'énergie est bloquée, il faut appuyer avec le bout du doigt (le pouce de préférence) et tourner dans le sens des aiguilles d'une montre. Pour disperser l'énergie dans un point où elle manque, il faut exercer la même pression mais en tournant dans le sens inverse des aiguilles d'une montre.

Le *Do-in* peut donner des résultats rapides sur certains troubles, notamment les douleurs dues à des crispations musculaires ou à des tensions dans l'appareil ostéo-articulaire. Mais, le plus souvent, il faut compter entre trois et dix séances, selon la gravité et l'ancienneté du trouble, à raison d'une séance tous les trois à dix jours.

L'ACUPUNCTURE ET LES MOXAS

Nous voilà arrivés à la branche de la médecine chinoise la plus connue en France et dans les pays occidentaux : l'acupuncture. Elle consiste à piquer, avec de très fines aiguilles métalliques, les points qui jalonnent les méridiens où circule l'énergie vitale, afin de rétablir l'harmonie globale et soigner les déséquilibres qui sont à l'origine des symptômes.

L'acupuncture permet une approche très fine, car tous les méridiens communiquent entre eux et qu'il existe des points de passage sur lesquels on peut agir. Ainsi, l'acupuncture permet de stimuler ou de disperser l'énergie dans n'importe quel endroit du corps, mais elle peut aussi chasser un Vent, disperser un excès de Chaleur ou d'Humidité, atténuer une attaque de Sécheresse, lutter contre un accès de Froid…

Autrefois, les médecins piquaient avec des aiguilles faites d'alliage, ou parfois de métaux précieux (or, argent), qu'ils stérilisaient entre deux séances pour éviter tout risque de contamination microbienne. Aujourd'hui, ils piquent avec des aiguilles à usage unique, qu'ils jettent à la fin de chaque séance.

L'efficacité de l'acupuncture dépend à la fois de la nature du déséquilibre et de sa profondeur. Une seule séance peut suffire pour certains troubles (douleurs articulaires, spasmes, maux de tête…) mais, pour d'autres, il faut compter entre trois et dix séances espacées de trois à quinze jours. Dans tous les cas, il faut non seulement que les points soient choisis de manière judicieuse, mais qu'ils soient très précisément localisés. La façon de planter l'aiguille revêt également de l'importance, ainsi que la profondeur de la piqûre et le temps de pose. Ces gestes, précis et très codifiés, sont donc réservés à des thérapeutes bien formés. En France, les acupuncteurs sont le plus souvent des médecins qui se sont spécialisés après la fin de leurs études.

La pratique des moxas est plus simple à mettre en place pour les profanes. La médecine chinoise recommande parfois, pour stimuler l'énergie, de chauffer des points d'acupuncture en approchant le bout incandescent d'un bâton d'armoise suffisamment près pour chauffer le point sans pour autant risquer de brûler la peau. En Chinois, cette pratique est nommée *Zheng Jio*, ce qui signifie « aiguille et feu ». Ce feu, que l'on approche des points, permet de relancer rapidement l'énergie lorsqu'elle est en état de vide. Parfois, les acupuncteurs approchent un moxa incandescent d'une aiguille plantée dans un point afin de renforcer l'efficacité de leur geste. Entre deux séances d'acupuncture, les médecins recommandent parfois à leurs patients de chauffer un point d'énergie facilement localisable, soit avec un bâton d'armoise, soit avec trois bâtonnets d'encens maintenus ensemble avec un lien. La pratique des moxas fait partie de l'acupuncture. C'est une branche moins spécialisée de cette technique très pointue.

5
La médecine chinoise chez vous

Vous venez de faire connaissance avec les grands principes de la médecine chinoise. Vous avez pu vous rendre compte de sa complexité et de sa richesse. Il n'est pas facile, pour le néophyte, de pénétrer à l'intérieur de cet édifice sans risquer de faire des erreurs. La médecine chinoise ne se prête pas facilement à l'automédication. Cependant, vous pouvez tout de même soulager certains maux courants grâce aux outils de la médecine chinoise à condition que le parcours soit clairement balisé. C'est ce que nous vous proposons à présent.

Voici une série de symptômes communs dont la lecture énergétique est relativement simple. En observant attentivement les signes que nous vous décrivons, vous pourrez percevoir le type de déséquilibre énergétique dont vous souffrez. Vous n'aurez plus, ensuite, qu'à mettre en œuvre les conseils que nous vous proposons afin d'améliorer votre état.

Si vous n'obtenez pas de résultats de cette manière, n'en concluez pas que la médecine chinoise n'est pas efficace. Rendez-vous plutôt chez un praticien sérieux qui pourra observer votre cas plus précisément. Un échec signifie simplement que votre situation échappe à notre simplification thérapeutique.

Quelques conseils pratiques : les points énergétiques que nous indiquons sont ceux qu'un acupuncteur piquerait avec ses aiguilles pour rééquilibrer votre organisme. Ils ne sont pas tous aisément localisables. Mais vous pouvez stimuler vous-même certains d'entre eux, d'accès facile : ceux situés sur le torse, les poignets, les avant-bras, les chevilles, les jambes... Les autres demandent une intervention extérieure. Enfin, il est des points plus délicats à localiser qui restent du ressort du thérapeute. Les points les plus faciles d'accès peuvent être stimulés du bout du doigt, éventuellement avec une goutte d'huile essentielle. Cependant, cette action ne remplace pas la stimulation effectuée par un acupuncteur avec ses aiguilles. Cela constitue un traitement d'appoint. *Pour connaître la localisation de chacun des points cités, reportez-vous à la table des illustrations située en page 207.*

Les acouphènes

Ce trouble se manifeste par des bourdonnements, des sifflements, des sensations désagréables de vibration dans les oreilles. La médecine classique qualifie ce phénomène de « bruit subjectif », car si ceux qui en souffrent les entendent bel et bien, ces bruits sont inaudibles pour leur entourage. Cependant, même si les acouphènes ne correspondent à aucun stimulus sonore extérieur, ils n'ont rien d'une hallucination. Dans la plupart des cas, l'imagerie médicale permet d'objectiver une stimulation interne des organes de l'audition. Les acouphènes peuvent être dus à un trouble du système auditif (comme la maladie de Ménière), à un accident traumatique (comme la fracture du rocher) ou à un traumatisme sonore. Parfois, ils font aussi partie des symptômes secondaires d'une maladie plus globale (hypertension, hyperthyroïdie...).

Lorsqu'ils sont chroniques, les acouphènes sont très pénibles, parfois même invalidants. Autrefois réservés aux personnes d'âge mûr, ils touchent aujourd'hui les plus jeunes, sans doute à cause de leur exposition à des bruits de plus en plus intenses (concerts, baladeurs...).

Les acouphènes et la médecine chinoise

En médecine chinoise, les acouphènes sont attribués à une mauvaise circulation de l'énergie au niveau de la face. Ces troubles énergétiques peuvent avoir plusieurs causes.

Les acouphènes par stagnation du sang

Ils peuvent être dus à une Stagnation du sang au niveau du pelvis, auquel cas ils sont associés à des douleurs abdominales ou, chez les femmes, à des troubles des règles.

Les acouphènes par vide du yin *du Rein*

Ils peuvent aussi être la conséquence d'une faiblesse dans l'énergie du Rein et apparaissent ainsi en même temps qu'une baisse globale de l'audition (presbyacousie) liée au vieillissement normal ou prématuré des organes de l'audition.

Comment soigner les acouphènes par stagnation du sang ?

Dans ce cas, il faut mettre en mouvement le sang pelvien en agissant sur les méridiens de la Vessie et de la Vésicule biliaire. On ajoute à cette action ciblée un travail sur les méridiens *Triple Réchauffeur* et *Vaisseau Gouverneur*, de manière à mettre en mouvement l'énergie *yang* au niveau de la tête.

Les points à stimuler

Voici les principaux points que l'on doit stimuler afin de rétablir l'équilibre au niveau de l'énergie perturbée. *(voir les dessins correspondants page 207)*

– *Le 20 Vaisseau Gouverneur :* son nom est *Bai Hui,* ce qui signifie « Cent réunions ». Ce point est très souvent utilisé pour rééquilibrer les troubles localisés dans la zone de la tête. Pour le trouver, suivez la ligne qui réunit les deux oreilles et qui passe sur le sommet du crâne, à deux travers de main au-dessus de la limite antérieure des cheveux. C'est un point que l'on peut stimuler soi-même.

– *Le 21 Triple Réchauffeur :* de son nom *Er Men*, ce qui signifie « Porte de l'oreille » ; ce point est essentiel dans le traitement des troubles de l'oreille et de l'audition. Il est situé près de l'oreille, au niveau du tragus (cette petite saillie triangulaire qui protège l'entrée du conduit auditif). Lorsque vous ouvrez la bouche, une petite dépression se forme à cet endroit. C'est dans ce creux qu'est situé le point. Il est assez facile à trouver et on peut le stimuler soi-même.

– *Le 15 Vaisseau Gouverneur :* de son nom traditionnel *Ya Men*, ce point est très facile à trouver car il se trouve à la base du crâne, un travers de doigt au-dessus de la racine des cheveux, dans le petit creux qui se forme à cet endroit. C'est un point que l'on peut facilement stimuler soi-même.

– *Le 32 Vessie :* ce point, baptisé *Ci Liao* par les Chinois (ce qui signifie « Deuxième Trou sacré »), est situé précisément dans la dépression qui se forme au niveau du Deuxième Trou sacré. Pour le trouver, il faut être assis, le dos arrondi et penché vers l'avant. En parcourant le sacrum du haut vers le bas, on rencontre, de part et d'autre de la ligne médiane, des petites dépressions. Le Deuxième Trou sacré est la deuxième de ces dépressions.

– *Le 53 Vessie* : ce point se situe à quatre travers de doigt à l'extérieur du précédent.

– *Le 28 Vésicule biliaire :* ce point se nomme *Wei Dao*. Il est situé sur l'abdomen. Pour le trouver, tracez une ligne horizontale, à mi-chemin entre votre nombril et la racine de votre pubis. Le point se trouve sur cette ligne, trois travers de doigt avant l'os iliaque.

Les plantes médicinales

Pour soulager les acouphènes dus à une stagnation du sang, la médecine chinoise propose un mélange de plantes appelé *Tong Qiao Huo Xue Tang*, qui contient, entre autres, *Radix paeoniae rubrae, Semen persicae, Radix curcumae, Flos carthami…* Dans notre pharmacopée occidentale, on peut les remplacer par la mélisse, une plante qui disperse l'énergie bloquée.

– *Tisane de mélisse :* pour préparer une infusion, comptez une cuillerée à soupe de plante séchée (feuilles et sommités fleuries) pour un gros bol d'eau bouillante, laissez infuser dix minutes avant de filtrer. Buvez-en trois tasses par jour, après les repas.

– *Huile essentielle de mélisse :* en complément de l'infusion, massez les points énergétiques les plus facilement localisables avec une goutte d'huile essentielle de mélisse. Cette huile, qui n'est pas irritante pour la peau, peut être utilisée pure.

La diététique énergétique

Pour rééquilibrer le sang et lui permettre de recommencer à circuler normalement, privilégiez les aliments de saveur amère : chicorée, laitue, pissenlit, thé, café, foie d'agneau…

Pensez aussi à manger de la viande de poulet car elle stimule le sang dont la faiblesse est parfois à l'origine des acouphènes. Enfin, les moules, qui sont réputées stimuler l'énergie des cinq organes, font circuler le sang pelvien.

Comment soigner les acouphènes par vide du *yin* du Rein ?

Cette fois, il va falloir tonifier le *yin* du Rein en agissant sur les méridiens du Rein et de la Vessie. Et, comme dans le cas précédent, on met en mouvement le sang au niveau de la tête en agissant sur le *Triple Réchauffeur* et le *Vaisseau Gouverneur.*

Les points à stimuler

Voici les principaux points qu'un acupuncteur serait amené à piquer pour faire taire des acouphènes dus à un vide de *yin* du Rein. *(voir les dessins correspondants page 207)*

– *Le 23 Vessie* : dans la tradition, on l'appelle *Shen Shu,* ce qui veut dire « *Shu* des Reins ». Ce point se trouve dans le dos. Pour le localiser, on cherche l'apophyse épineuse de la deuxième vertèbre lombaire, puis on compte deux travers de doigt à droite et à gauche. La position idéale : assis, le dos courbé.

– *Le 14 Rein :* ce point, que les Chinois appellent *Si Man,* est situé sur la même ligne que le précédent, mais seulement à un travers de doigt à l'extérieur de la ligne médiane.

– *Le 2 Rein :* son nom original, *Ran Gu,* peut être traduit par « Vallée du scaphoïde ». Ce point se trouve effectivement situé juste en dessous de l'os scaphoïde du pied. Pour le trouver, il faut chercher sur la face interne du pied, en dessous de la malléole, une petite dépression qui se trouve à environ un travers de doigt plus en avant. Le point est situé dans cette dépression. On le trouve plus facilement lorsqu'on pose le pied bien à plat sur le sol.

– *Le 21 Triple Réchauffeur :* de son nom *Er Men*, ce qui signifie « Porte de l'oreille », ce point est essentiel dans le traitement des troubles de l'oreille et de l'audition. Il est situé près de l'oreille, au niveau du tragus (cette petite saillie triangulaire qui protège l'entrée du conduit auditif). Lorsque vous ouvrez la bouche, une petite dépression se forme à cet endroit. C'est dans ce creux qu'est situé le point. Il est assez facile à trouver et on peut le stimuler soi-même.

– *Le 15 Vaisseau Gouverneur :* de son nom traditionnel *Ya Men*, ce point est facilement repérable car il se trouve à la base du crâne, un travers de doigt au-dessus de la racine des cheveux, dans le petit creux qui se forme à cet endroit. C'est un point que l'on peut aisément stimuler soi-même.

Les plantes médicinales

En médecine chinoise, un mélange de plantes est couramment prescrit pour soigner les acouphènes. Il contient, notamment, *Rhemania glutonosa, Dioscorea opposita, Cornus officinalis, Alisma plantago aquatica…*

Dans notre pharmacopée occidentale, on peut les remplacer par le girofle. Cette plante, de saveur douce et amère, relance l'énergie du Rein qui est impliquée dans le déclenchement des acouphènes.

– *Tisane de girofle :* comptez une cuillerée à café de clous pour un bol d'eau bouillante, laissez infuser dix minutes, puis filtrez et buvez nature ou sucré avec un peu de miel. Ne dépassez pas trois tasses par jour.

– *Huile essentielle de girofle :* vous pouvez utiliser cette huile essentielle pour stimuler les points énergétiques que nous avons décrits plus haut. Mais attention : cette huile essentielle est très irritante si on l'utilise pure. Mélangez cinq gouttes d'huile essentielle à une cuillerée à soupe d'huile d'amande douce, puis conservez ce mélange dans une bouteille opaque à l'abri de la chaleur. Massez les points avec ce mélange matin et soir.

La diététique énergétique

Pour tonifier l'énergie du Rein, privilégiez les aliments de saveur douce. Ils sont très nombreux : légumes (chou, champignons, pomme de terre, aubergine, carotte…), céréales (riz, blé, maïs…), fruits (mangue, melon, noix de coco, pomme, raisin, pastèque…), produits animaux (lait et laitages, œuf, jambon…). Côté aromates, ajoutez à vos repas des graines de sésame noir (dans les salades ou les gâteaux). Les graines de sésame noir sont également excellentes dans les plats de légumes, de riz ou de pâtes (comptez une cuillerée à soupe par personne).

La colopathie

Colopathie fonctionnelle : c'est le nom officiel que l'on donne à ces troubles diffus qui semblent toucher l'ensemble de la fonction digestive. Certaines colopathies sont dues à des atteintes organiques sérieuses et demandent des traitements appropriés. C'est pourquoi ces symptômes doivent amener à consulter. Lorsque les signes ne sont pas liés à des lésions, ils peuvent être soulagés par des règles d'hygiène de vie simples, des stimulations de points énergétiques et des plantes médicinales bien choisies.

La colopathie fonctionnelle et la médecine chinoise

La médecine chinoise aborde la colopathie fonctionnelle de la même manière que les autres troubles : par le prisme des déséquilibres énergétiques. Les colopathies les plus fréquentes sont de deux types : elles sont dues soit à un excès de Chaleur et d'Humidité dans les méridiens du Foie et de la Vésicule biliaire, soit à un vide d'énergie dans le méridien de la Rate.

La colopathie par excès d'Humidité et de Chaleur

Ce type de trouble digestif se manifeste par une sensation de corps lourd. On se sent gonflé (surtout au niveau des flancs), fatigué, abattu. On perd l'appétit. La bouche est amère, la langue couverte d'une couche jaune et grasse. On ressent des nausées qui provoquent parfois des vomissements. Le transit intestinal est irrégulier, ce qui induit des ballonnements. Les urines sont foncées. Ces symptômes, parfois consécutifs à des excès alimentaires (alcool, sucreries, graisses), sont dus à une accumulation d'Humidité et de Chaleur dans les méridiens du Foie et de la Vésicule biliaire, qui nuit au drainage de l'organisme. L'énergie de la Rate est également perturbée, ce qui se traduit par des difficultés dans la transformation des aliments en énergie (d'où la fatigue).

La colopathie par vide du Qi *de la Rate*

Elle se manifeste par des douleurs abdominales, qui accompagnent une alternance de diarrhée et de constipation. On se sent fatigué et enflé. Les pressions sur l'abdomen apportent un soulagement, ainsi que la chaleur. Ce type de colopathie est dû à une insuffisance dans l'énergie de la Rate, laquelle peut être causée par l'abus de crudités, de sucre ou de graisse. Elle peut aussi être consécutive à un épisode important de vomissement ou de diarrhée.

Comment soigner une colopathie due à un excès d'Humidité et de Chaleur dans le Foie et la Vésicule biliaire ?

Pour soulager ces colopathies, la médecine chinoise préconise de rafraîchir la Chaleur et de purger l'Humidité, mais aussi de drainer le Foie et d'aider la bile à circuler.

Les points à stimuler

Voici les principaux points que peut traiter un acupuncteur pour faire cesser les symptômes désagréables consécutifs à ce type de déséquilibre énergétique. *(voir les dessins correspondants page 207)*

– *Le 6 Rate :* les Chinois désignent ce point par l'expression *San Yin Jiao*, ce qui signifie « Intersection des trois *yin* ». Il est situé sur la face interne de la jambe. Pour le trouver, il faut compter quatre travers de doigt au-dessus de la malléole interne, sur une ligne qui suit le bord postérieur du tibia.

– *Le 10 Rate :* les Chinois ont baptisé ce point *Xue Hai*, ce qui signifie « Mer du sang ». Il est particulièrement indiqué pour activer globalement la circulation du sang. Ce point se situe près du genou, sur la face interne de la cuisse. Pour le trouver, il vaut mieux être debout, la jambe tendue. Le point se trouve juste au-dessus du coin supérieur interne de la rotule (sur la proéminence du muscle qui s'insère à cet endroit, le muscle vaste interne).

– *Le 6 Vaisseau Conception :* ce point baptisé *Qi Hai*, c'est-à-dire « Mer du *Qi* », est situé sur la ligne médiane de l'abdomen, à deux travers de doigt sous le nombril.

– *Le 36 Estomac :* les Chinois le nomment *Zu San Li,* ce qui signifie « Trois Li du pied ». Il est situé sur le genou. Pour le trouver, tendez la jambe. Le point se trouve sous le bord externe de la rotule, à un travers de doigt à droite de la crête du tibia.

– *Le 13 Foie :* ce point, appelé *Zhang Men* (soit « Porte des manifestations »), se situe sur le flanc, juste à l'extrémité de la onzième côte (qui se trouve être la première côte flottante). Pour le trouver plus facilement, il faut se coucher sur le côté opposé et lever le bras.

– *Le 9 Rate :* dans la tradition chinoise, on le nomme *Yin Ling Quan*, ce qui signifie « Source de la colline *yin* ». Ce point, très important pour stimuler l'énergie de la Rate, est situé sur la face interne de la jambe, dans le petit creux qui se forme sous la tubérosité interne du tibia.

– *Le 3 Vaisseau Conception :* ce point très important s'appelle « Centre parfait », (*Zhong Ji* en chinois). Il se trouve sur la ligne médiane de l'abdomen, à deux travers de doigt au-dessus du bord supérieur de l'os du pubis.

– *Le 29 Estomac* : ce point nommé *Gui Lai,* ce qui signifie « Revenir », est situé sur l'abdomen, au même niveau que le précédent, mais à deux travers de doigt à droite ou à gauche de la ligne médiane.

Les plantes médicinales

Pour soulager ce type de colopathie, les médecins chinois prescrivent des mélanges de plantes parmi lesquelles figurent souvent *Artemisia capillaris, Gardenia jasminoides* ou *Rheum palmatum.* Dans notre pharmacopée occidentale, on peut plutôt utiliser le romarin, l'anémone pulsatile, le citron et le gattilier.

– *Le romarin :* cette plante médicinale stimule le *yang* de l'élément Bois. Par ce biais, il active la circulation de l'énergie dans les méridiens du Foie et de la Vésicule biliaire, tous deux liés à cet élément. Le romarin se consomme facilement en infusion : comptez 20 g de fleurs séchées pour un litre d'eau bouillante, laissez infuser dix minutes puis filtrez et buvez-en deux à trois tasses par jour. Vous pouvez aussi utiliser l'huile essentielle de romarin pour masser les points énergétiques les plus facilement repérables. Vous pouvez l'employer pure (une goutte sur le bout du doigt), à condition de choisir la variété *Rosmarinus officinalis cineoliferum* (romarin à cinéole) qui n'est pas irritante.

– *L'anémone pulsatile :* c'est une plante de saveur acide et amère, qui agit sur l'énergie du Foie et de la Vésicule biliaire. Si vous trouvez de la plante entière sèche, vous pouvez la prendre en tisane à raison de 5 g pour un litre d'eau bouillante, laissez infuser dix minutes avant de filtrer. Buvez-en trois tasses par jour au maximum (n'augmentez pas les doses). On trouve aussi cette plante en extrait liquide à prendre sous forme de gouttes. La posologie dépend alors de la concentration. Il faut se conformer aux conseils figurant sur l'emballage.

– *Le gattilier :* de nature douce et fraîche, il est lié à la fois à l'élément Bois et à l'élément Feu. La tradition occidentale le conseille pour soulager les troubles intestinaux, une utilisation qui rejoint celle de la médecine traditionnelle chinoise. En infusion, comptez une cuillerée à soupe de plante sèche pour une tasse d'eau bouillante, laissez infuser dix minutes puis buvez-en trois fois par jour. On trouve aussi du gattilier en extrait liquide. La posologie dépend alors de la concentration en principes actifs. Suivez les conseils inscrits sur l'emballage.

– *Le citron :* c'est de l'huile essentielle de citron *(Citrus limonum)* dont il est question ici. Cette huile essentielle, qui stimule l'énergie dans les méridiens du Foie et de la Vésicule biliaire, est détoxifiante. Elle aide le foie dans son rôle de draineur des impuretés. Mais attention : elle est d'un maniement délicat. Réservez la voie orale à la prescription médicale. Utilisez-la plutôt pour masser les points énergétiques, mais ne l'employez jamais pure car elle est très irritante pour la peau. Versez cinq gouttes d'huile essentielle de citron dans une cuillerée à soupe d'huile d'amande douce, et utilisez ensuite une goutte de ce mélange sur le bout du doigt.

La diététique énergétique

Le choix de la nourriture joue un rôle très important dans le traitement des colopathies fonctionnelles. En termes d'énergie, il faut privilégier la saveur salée et la saveur acide. La première permet indirectement de tonifier l'énergie de la Terre à l'intérieur du corps, car elle tonifie le Rein (l'Eau), laquelle répercute son énergie vers le Rein. La deuxième disperse l'énergie du Bois. Cela revient à manger beaucoup de fruits acides (abricot, cerise, citron, fraise, grenade, kiwi, litchi, clémentine, pamplemousse, prunes…), de tomates et de céréales à la saveur salée (avoine, orge). Du côté des produits animaux, préférez les produits de la mer (crabe, crevettes, huîtres, moules, poulpe…), ainsi que la viande de porc, le canard et le pigeon. Évitez surtout l'alcool et les aliments de saveur douce (notamment les sucreries).

Comment soigner une colopathie due à un vide du *Qi* de la Rate ?

Pour soulager ces symptômes, la médecine chinoise préconise de renforcer le *Qi* de la Rate.

Les points à stimuler

Voici les principaux points énergétiques qu'un acupuncteur pourrait traiter pour vous aider à vous défaire d'une colopathie fonctionnelle due à un vide du *Qi* de la Rate. *(voir les dessins correspondants page 207)*

– *Le 6 Rate :* les Chinois désignent ce point par l'expression *San Yin Jiao*, ce qui signifie « Intersection des trois *yin* ». Il est situé sur la face interne de la jambe. Pour le trouver, il faut compter quatre travers de doigt au-dessus de la malléole interne, sur une ligne qui suit le bord postérieur du tibia.

– *Le 4 Vaisseau Conception :* dans la tradition chinoise, ce point se nomme *Guan Yuan*, ce qui signifie « Barrière originelle ». Il se situe sur l'abdomen, sur la ligne médiane, à quatre travers de doigt en dessous du nombril.

– *Le 36 Estomac :* les Chinois le nomment *Zu San Li,* ce qui signifie « Trois Li du pied ». Il est situé sur le genou. Pour le trouver, tendez la jambe. Le point se trouve sous le bord externe de la rotule, à un travers de doigt à droite de la crête du tibia.

– *Le 20 Vessie :* ce point, nommé traditionnellement *Pi Shu* (« *Shu* de la Rate »), se situe dans le dos. Il est juste sous l'apophyse épineuse de la onzième vertèbre dorsale, à deux travers de doigt de part et d'autre de la ligne médiane.

– *Le 13 Foie :* ce point, appelé *Zhang Men* (soit « Porte des manifestations »), se situe sur le flanc, juste à l'extrémité de la onzième côte (qui se trouve être la première côte flottante). Pour le trouver plus facilement, il faut se coucher sur le côté opposé et lever le bras.

– *Le 9 Rate :* dans la tradition chinoise, on le nomme *Yin Ling Quan*, ce qui signifie « Source de la colline *yin* ». Ce point, très important pour stimuler l'énergie de la Rate, est situé sur la face interne de la jambe, dans le petit creux qui se forme sous la tubérosité interne du tibia.

Les plantes médicinales

Pour soulager les symptômes désagréables provoqués par ce type de colopathie, les médecins traditionnels chinois prescrivent des mélanges de plantes où l'on trouve fréquemment *Panax ginseng*, *Poria cocos*, *Atractylodes macrocephala*... La pharmacopée occidentale propose plutôt des plantes comme la gentiane, le thym ou le carvi.

– *Le thym :* en énergétique chinoise, le thym est doté d'une saveur amère. Cette plante tonifie l'énergie dans les méridiens Rate/Pancréas et Estomac. Vous pouvez boire des infusions de thym, en comptant 30 g de plante séchée pour un litre d'eau bouillante, laissez infuser dix minutes avant de filtrer. Buvez-en trois ou quatre tasses par jour. Pour ne pas perdre les principes actifs très volatils que contient la plante, mettez un couvercle sur la préparation pendant qu'elle infuse et récupérez les gouttes de vapeur qui s'y sont condensées : elles sont particulièrement riches en principes actifs. Choisissez de préférence la variété « thym à thujanol » *(Thymus vulgaris thujanoliferum)*, c'est la plus active au niveau digestif. Vous pouvez également masser les points énergétiques avec de l'huile essentielle de thym, que vous aurez d'abord mélangée à de l'huile d'amande douce, à raison de cinq gouttes pour une cuillerée à soupe.

– *La gentiane :* cette plante, de saveur amère, tonifie également l'énergie dans les méridiens Rate/Pancréas et Estomac. La tradition occidentale la considère comme un tonique. La racine s'utilise en macération : laissez reposer pendant quatre heures 3 g de racine sèche dans un bol d'eau bouillante. Buvez-en un bol avant chaque repas.

– *Le carvi* : malgré sa saveur douce, cette plante est tonifiante grâce à sa nature chaude. Elle tonifie l'énergie dans les méridiens Rate/Pancréas et Estomac. La tradition occidentale le considère comme une plante carminative (qui chasse les gaz) et digestive. Cet usage rejoint son utilisation énergétique. Pour préparer une infusion de carvi, comptez une cuillerée à café de semence séchée pour une tasse d'eau bouillante et laissez infuser dix minutes avant de filtrer. Vous pouvez utiliser l'huile essentielle par voie externe (la voie orale est réservée à la prescription médicale) pour masser les points énergétiques. Préparez alors une huile de massage en mélangeant dix gouttes d'huile essentielle de carvi à une cuillerée à soupe d'huile d'amande douce.

La diététique énergétique

Tous vos efforts doivent être concentrés sur les aliments de saveur salée, qui stimulent l'énergie de l'élément Terre dans l'organisme. Cela ne signifie pas qu'il faille consommer beaucoup de sel ou d'aliments ayant un goût salé. Il vous faut juste intégrer systématiquement dans vos repas des produits de la mer (crustacés, coquillages, poisson), des algues, des céréales de saveur salée (avoine, orge). Dans le même temps, évitez les aliments susceptibles de disperser l'énergie de la Terre, notamment les fruits acides.

La conjonctivite

La conjonctivite est une inflammation de la conjonctive, cette muqueuse qui tapisse l'intérieur des paupières. Souvent d'origine microbienne, cette maladie très désagréable (bien que généralement sans gravité) se manifeste par des rougeurs, des douleurs, des sensations de brûlure, des écoulements parfois purulents. Il arrive aussi que la conjonctivite soit due à une allergie saisonnière, voire à une simple irritation de contact. Selon les cas, la conjonctivite est traitée par des antibiotiques, des antihistaminiques, qui bloquent la réaction allergique, ou des soins locaux.

La conjonctivite et la médecine chinoise

En médecine traditionnelle chinoise, les yeux sont liés à l'élément Bois, tout comme le Foie qui est l'organe majeur de cet élément. La relation se fait donc très facilement entre les yeux et le Foie. On dit que « le Foie s'ouvre aux yeux ». Les déséquilibres dans l'énergie qui circule le long du méridien du Foie peuvent donc provoquer des troubles oculaires, dont la conjonctivite.

Celle-ci est le plus souvent due à une montée du *yang* du Foie. Ce déséquilibre énergétique se manifeste de manière brusque, par des symptômes évoquant la Chaleur : rougeurs, irritation, démangeaisons... La conjonctivite est donc interprétée par une irruption de Vent et de Chaleur dans le méridien du Foie.

Comment soigner la conjonctivite en médecine chinoise ?

Le traitement va consister à inhiber et disperser l'énergie dans le méridien du Foie, afin d'évacuer le Vent et d'atténuer la Chaleur délétère.

Les points à stimuler

Voici les principaux points qu'un acupuncteur pourrait traiter pour venir à bout d'une conjonctivite de ce type. *(voir les dessins correspondants page 207)*

– *Le 18 Vessie :* les Chinois le nomment *Gan Shu*, ce qui signifie « *Shu* du Foie ». Ce point est souvent utilisé pour disperser l'énergie du Foie. Il est situé dans le dos, sous l'apophyse épineuse de la neuvième vertèbre dorsale, à deux travers de doigt de part et d'autre de la ligne médiane.

– *Le 23 Vessie :* dans la tradition, on l'appelle *Shen Shu,* ce qui veut dire « *Shu* des Reins ». Ce point se trouve dans le dos. Pour le localiser, on cherche l'apophyse épineuse de la deuxième vertèbre lombaire, puis on compte deux travers de doigt à droite et à gauche.

– *Le 3 Rein :* ce « Grand Ravin » (en chinois *Tai Xi*) se trouve sur la face interne de la cheville. Tracez une ligne horizontale qui part du sommet de la malléole interne et qui va vers le tendon d'Achille : le point se trouve dans une petite dépression au milieu de cette ligne. Pour le trouver plus facilement, il vaut mieux poser le pied bien à plat sur le sol.

– *Le 6 Rate :* les Chinois désignent ce point par l'expression *San Yin Jiao*, ce qui signifie « Intersection des trois *yin* ». Il est situé sur la face interne de la jambe. Pour le trouver, il faut compter quatre travers de doigt au-dessus de la malléole interne, sur une ligne verticale qui suit le bord postérieur du tibia.

– *Le 10 Rate :* les Chinois ont baptisé ce point *Xue Hai*, ce qui signifie « Mer du sang ». Il est particulièrement indiqué pour activer globalement la circulation du sang. Ce point se situe près du genou, sur la face interne de la cuisse. Pour le trouver, il vaut mieux être debout, la jambe tendue. Le point se trouve juste au-dessus du coin supérieur interne de la rotule (sur la proéminence du muscle vaste interne qui s'insère à cet endroit).

– *Le 20 Vésicule biliaire :* les Chinois nomment ce point *Feng Chi*, ce qui signifie « Étang du vent ». Il est réputé disperser les Vents externes et internes. Il se situe sur la nuque, à la base du crâne. De part et d'autre de la ligne médiane, on peut sentir un renflement. Le point se situe à un travers de doigt de ces bosses, vers l'extérieur.

– *Le 34 Vésicule biliaire :* cette « Source de la colline *yang* » se nomme *Yang Ling Quan* en chinois. Il est situé sur la face extérieure de la jambe, dans un petit creux qui se forme légèrement en dessous de la tête du péroné, vers l'avant. Pour le trouver plus facilement, asseyez-vous et pliez votre genou à 90°, le pied bien à plat sur le sol.

– *Le 2 Foie* : ce point, appelé traditionnellement *Xing Jian*, se trouve sur le dessus du pied, dans la commissure située entre les deux premiers orteils, juste en arrière de la limite de la zone palmaire.

– *Le 3 Foie :* ce *Tai Chong* (en français « Grand Carrefour ») se trouve également sur le dessus du pied, dans le creux qui se forme à la jonction des deux premiers métatarsiens, soit environ deux travers de doigt au-dessus du point précédent.

– *Le 20 Vaisseau Gouverneur :* son nom est *Bai Hui,* ce qui signifie « Cent Réunions ». Ce point est très souvent utilisé pour rééquilibrer les troubles localisés dans la zone de la tête. Pour le trouver, suivez la ligne qui réunit les deux oreilles et qui passe sur le sommet du crâne, à deux travers de main au-dessus de la limite antérieure des cheveux. Il est situé au milieu. C'est un point que l'on peut stimuler soi-même.

Les plantes médicinales

En médecine chinoise, on soigne couramment la conjonctivite avec des mélanges de plantes contenant *Cornus officinalis, Poria cocos, Chrysantemum morifolium, Dioscorea opposita, Alisma plantago aquatica…*

Dans notre pharmacopée occidentale, ces plantes peuvent être remplacées par deux grandes médicinales des yeux : le mélilot et le plantain.

– *Le mélilot :* de nature à la fois douce et acide, cette plante disperse l'énergie dans les méridiens du Foie et de la Vésicule biliaire. Notre tradition la préconise comme antiseptique oculaire. Pour préparer une infusion de mélilot, comptez une cuillerée à soupe de sommités fleuries pour un gros bol d'eau bouillante, laissez infuser dix minutes avant de filtrer. Laissez tiédir avant d'utiliser sur une compresse ou en bains d'yeux. Pour compléter cette action, vous pouvez prélever la moitié de l'infusion et la boire avant de procéder aux soins locaux.

– *Le plantain :* comme la précédente, cette plante est à la fois acide et douce, et disperse l'énergie dans les méridiens du Foie et de la Vésicule biliaire. Elle s'utilise par voie interne et par voie externe (lavage oculaire). Dans un cas comme dans l'autre, préparez une simple infusion avec une cuillerée à soupe de plante séchée pour un gros bol d'eau bouillante, laissez infuser dix minutes avant de filtrer.

– *La marjolaine :* en association avec les soins locaux et les tisanes, vous pouvez utiliser l'huile essentielle de marjolaine pour masser les points énergétiques faciles à localiser. Cette huile essentielle disperse l'énergie du Foie. Elle contribue à calmer la Chaleur dans ce méridien. Comme elle n'est pas irritante, vous pouvez l'utiliser pure sur la peau : une goutte sur le bout du doigt, avant de masser les points choisis.

La diététique énergétique

Pour calmer l'énergie du Foie, il faut privilégier la saveur associée à l'organe qui le domine, le Poumon. Vous devrez donc intégrer à vos repas des aliments de saveur piquante : l'ail, la ciboulette, le fenouil, les radis, les kumquats, le gingembre, la muscade, la marjolaine, le poivre, le piment de Cayenne… Évitez les aliments de saveur acide qui stimulent l'énergie du Foie : fruits acides, tomates, vinaigre…

La constipation

Aux yeux de la médecine occidentale, la constipation est une raréfaction des selles, par rétention anormale des matières fécales dans l'intestin. C'est un trouble très fréquent, surtout chez les femmes. La constipation peut avoir des causes très diverses, allant des lésions organiques aux simples erreurs d'hygiène de vie. Ces dernières sont, de loin, les plus fréquentes : manque d'exercice physique et diminution du fonctionnement des muscles qui entourent l'intestin, mauvaise hydratation du corps qui diminue le volume des selles, alimentation trop pauvre en fibres... Le rétablissement d'une bonne hygiène de vie est donc indispensable si l'on veut résoudre vraiment le problème. Cependant, ce n'est pas toujours suffisant. La médecine occidentale répond à la constipation en prescrivant également des médicaments laxatifs. S'ils sont efficaces de manière ponctuelle, les laxatifs ne constituent pas une solution à long terme.

La constipation et la médecine chinoise

Comme pour les autres troubles, la médecine chinoise cherche à rétablir l'équilibre énergétique dont la rupture a perturbé le fonctionnement intestinal. En plus des règles de base d'une bonne hygiène de vie (manger des fruits et légumes frais, boire suffisamment d'eau, faire un peu d'exercice physique, aller à la selle à la même heure pour rééduquer l'intestin...), il faut donc agir directement sur l'énergie perturbée. Trois grandes causes se dégagent.

La constipation due à une plénitude de Chaleur dans le Gros Intestin

Les selles sont petites et dures. L'expulsion demande un gros effort, mais elle apporte un soulagement. Le blocage intestinal s'accompagne de douleurs abdominales labiles, mouvantes, souvent cuisantes et irradiantes. On a chaud et soif, on a mauvaise haleine. La langue est recouverte d'un enduit jaunâtre. La pression exercée sur l'abdomen n'apporte aucun soulagement.

La constipation par stagnation de l'énergie dans l'Estomac et le Gros Intestin

Là aussi, les selles sont petites et dures et demandent un gros effort à l'expulsion. Mais celle-ci s'accompagne toujours d'une sensation d'évacuation incomplète. L'abdomen est gonflé et douloureux. L'haleine est normale, mais la personne éructe fréquemment. Le manque d'appétit s'ajoute à un sentiment diffus de tristesse. Cette constipation accompagne souvent les colopathies.

La constipation par vide de Qi *et de sang*

C'est une constipation atonique. On ne ressent aucune envie d'aller à la selle. Et quand on parvient à expulser quelques selles très dures et sèches, l'entreprise s'avère épuisante. L'abdomen n'est pas tendu mais au contraire relâché. C'est la constipation typique des grands vieillards, mais elle peut aussi toucher des personnes beaucoup plus jeunes.

Comment soigner une constipation due à une plénitude de Chaleur dans le Gros Intestin ?

Puisque les troubles sont dus à un excès de Chaleur, le travail va consister à disperser cet excès dans le méridien du Gros Intestin afin de rétablir la fonction entravée.

Les points à stimuler

Voici les principaux points que traiterait un acupuncteur pour soulager ce type de constipation. *(voir les dessins correspondants page 207)*

– *Le 6 Triple Réchauffeur :* ce point, appelé par les Chinois *Zhi Gou*, ce qui signifie « Branche du canal », est un point clé que l'on pique dans tous les cas de constipation. Il est situé sur la face interne de l'avant-bras, à trois travers de doigt au-dessus du pli du poignet, dans le creux qui se forme entre le radius et le cubitus.

– *Le 4 Gros Intestin :* ce point se nomme *He Gu*, ce qui signifie « Vallée de la jonction ». C'est un point très facile à situer. Il suffit d'écarter le pouce et l'index : le point se trouve sur le dessus de la main, au fond de la fourchette osseuse qui se forme lorsqu'on place la main dans cette position.

– *Le 25 Estomac :* très facile à repérer, ce point, appelé *Tian Shu* dans la tradition (c'est-à-dire « Pivot céleste »), se trouve sur l'abdomen, à deux travers de doigt de part et d'autre du nombril.

– *Le 37 Estomac :* ce « Grand Vide supérieur », en chinois *Shang Ju Xu*, se trouve sur le bord externe de la face antérieure de la jambe, à un travers de doigt à l'extérieur de la crête du tibia, et au tiers de la distance entre la rotule et la cheville.

– *Le 25 Vessie :* celui-ci est situé sur le dos. *Da Chang Shu* (soit le « *Shu* du Gros Intestin ») se trouve à la hauteur de l'apophyse de la quatrième vertèbre lombaire, à deux travers de doigt de part et d'autre de la ligne médiane.

– *Le 11 Gros Intestin :* les Chinois l'appellent *Qu Chi*, soit « Étang courbé ». Ce point est situé sur le bras, à hauteur du coude. Il vous suffit de plier le bras, et vous le trouverez à l'extrémité du pli de flexion, sur la face externe de l'avant-bras.

Les plantes médicinales

En médecine chinoise, on soigne ce type de constipation avec un mélange de plantes renfermant, entre autres, *Prunus armeniaca, Magnolia officinalis, Cannabis sativa, Rheum palmatum*... Lorsqu'on considère la phytothérapie occidentale à travers le prisme de l'énergie, on s'aperçoit qu'on peut remplacer ces plantes par la bardane, le frêne, la guimauve et l'estragon.

– *La bardane :* cette plante, de saveur à la fois douce et amère, disperse l'énergie dans le méridien du Gros Intestin. La phytothérapie occidentale l'utilise comme dépuratif (notamment au niveau de la peau) et comme draineur du foie et de la vésicule biliaire. La bardane se prépare en décoction, en faisant bouillir 30 g de racine fraîche dans un litre d'eau pendant cinq minutes, puis laissez infuser dix minutes avant de filtrer.

– *Le frêne :* les feuilles de cet arbre, de saveur acide et douce, dispersent également l'énergie dans le méridien du Gros Intestin. L'infusion de frêne se prépare en faisant infuser 10 g de feuilles séchées dans un gros bol d'eau bouillante pendant dix minutes. N'en buvez pas plus de deux tasses par jour, car il a un effet astringent qui pourrait contrarier son action sur le méridien du Gros Intestin.

– *La guimauve :* pour cette plante, l'utilisation occidentale rejoint l'utilisation chinoise. De saveur douce, cette plante disperse l'énergie dans le méridien du Gros Intestin, ce qui favorise la reprise du transit lorsqu'il est perturbé par un excès de Chaleur dans cet organe. Elle possède, en plus, une action émolliente et adoucissante. La tisane de guimauve se prépare en laissant infuser 30 g de feuilles et de fleurs dans un litre d'eau bouillante pendant dix minutes.

– *L'estragon :* pour masser les points d'énergie faciles à localiser, vous pouvez utiliser de l'huile essentielle d'estragon. Cette plante aromatique disperse l'énergie dans le méridien du Poumon, étroitement lié au Gros Intestin. Préparez un mélange en versant cinq gouttes d'huile essentielle dans une cuillerée à soupe d'huile d'amande douce, et utilisez une goutte de cette préparation pour masser chaque point.

La diététique énergétique

Les grandes règles de l'hygiène alimentaire s'appliquent ici : buvez davantage d'eau, mangez des aliments riches en fibres (fruits, légumes et céréales complètes), diminuez votre consommation de sucre. Davantage que leur saveur, c'est la nature énergétique des aliments que vous choisissez qui est importante. Veillez à privilégier les aliments frais ou froids : concombre, épinards, laitue, chicorée, chou, tomate, banane, melon, pastèque, poire, pomme, prune, coquillages et crustacés, canard, lapin, orge, sarrasin…

Comment soigner une constipation par stagnation de l'énergie dans l'Estomac et le Gros Intestin ?

Il s'agit cette fois de relancer la circulation du *Qi* pour éviter la stagnation à l'origine des symptômes. Pour ce faire, rien ne vaut la pratique régulière du *Qi Gong* ou du *Taiji Quan* (auprès d'un spécialiste) à laquelle vous ajouterez les gestes suivants.

Les points à stimuler

Voici les principaux points susceptibles d'être piqués par un acupuncteur pour soulager ce type de constipation. *(voir les dessins correspondants page 207)*

– *Le 6 Triple Réchauffeur :* dans tous les cas de constipation, il convient de stimuler ce point appelé par les Chinois

Zhi Gou, ce qui signifie « Branche du canal ». Il est situé sur la face interne de l'avant-bras, à trois travers de doigt au-dessus du pli du poignet, dans le creux qui se forme entre le radius et le cubitus.

– *Le 3 Foie :* ce *Tai Chong* (en français « Grand Carrefour »), se trouve sur le dessus du pied, à l'aplomb de l'espace compris entre les deux premiers orteils, dans le creux qui se forme à la jonction des deux premiers métatarsiens.

– *Le 25 Estomac :* très facile à repérer, ce point, appelé *Tian Shu* dans la tradition (c'est-à-dire « Pivot céleste »), se trouve sur l'abdomen, à deux travers de doigt de part et d'autre du nombril.

– *Le 37 Estomac :* ce « Grand Vide supérieur », en chinois *Shang Ju Xu*, se trouve sur le bord externe de la face antérieure de la jambe, à un travers de doigt de l'extérieur de la crête du tibia, et au tiers de la distance entre la rotule et la cheville.

– *Le 25 Vessie :* celui-ci est situé sur le dos. *Da Chang Shu* (soit le « *Shu* du Gros Intestin ») se trouve à la hauteur de l'apophyse de la quatrième vertèbre lombaire, à deux travers de doigt de part et d'autre de la ligne médiane.

– *Le 12 Vaisseau Conception :* ce point, appelé *Zhong Wan* (« Estomac central »), se trouve sur l'abdomen, à quatre travers de doigt au-dessus du nombril, sur la ligne médiane.

– *Le 8 Maître du Cœur :* ce point peut facilement être massé ou chauffé avec un moxa. Baptisé *Gao Long*, soit « Palais du labeur », il se trouve sur la paume de la main, entre le deuxième et le troisième métacarpien. Pour le trouver, fermez votre poing et repérez le point où se pose l'extrémité de votre majeur. Vous pouvez également le stimuler en faisant rouler un petit bâton entre vos deux paumes. Mais on ne pique jamais ce point avec une aiguille.

Les plantes médicinales

Pour faire circuler le *Qi*, les médecins chinois prescrivent généralement *Pharbitis nil, Corydalis Yanhusuo.* Dans la pharmacopée occidentale, l'action de ces plantes correspond à celle de la coriandre, de l'hysope et de la sarriette.

– *La coriandre :* c'est une plante qui stimule le *yang* de la Terre. Or, cet élément correspond au méridien de l'Estomac. En le stimulant, on aide le *Qi* à mieux circuler. Cette plante tonifiante agit notamment au niveau digestif. Comme c'est une aromatique de cuisine, on peut utiliser ses feuilles fraîches dans les salades ou pour aromatiser les plats de viande, légumes ou poissons. Ses graines peuvent être préparées en infusion, à raison d'une cuillerée à soupe pour un gros bol d'eau bouillante et de laisser infuser dix minutes. Enfin, vous pouvez masser les points énergétiques aisément localisables avec de l'huile essentielle de coriandre. Comme elle n'est pas irritante, vous pouvez en mettre une goutte, pure, sur le bout du doigt avant de masser chaque point.

– *L'hysope :* de saveur amère et salée, cette plante tonifie l'énergie dans la plupart des méridiens, notamment celui de l'Estomac. Utilisée pour ses vertus digestives dans la tradition occidentale, elle stimule tous les organes de la digestion. L'hysope se consomme en tisane, à raison d'une cuillerée à café de plante séchée pour une grande tasse d'eau bouillante à laisser infuser dix minutes. N'en buvez pas plus de deux tasses par jour.

– *La sarriette :* de saveur amère, elle stimule la circulation de l'énergie dans plusieurs méridiens, notamment ceux de l'Estomac et du Gros Intestin. La pharmacopée occidentale conseille de l'utiliser pour stimuler la digestion, régulariser les contractions des muscles intestinaux, diminuer la fermentation intestinale et faciliter l'expulsion des gaz. Autant de vertus qui, conjuguées à son action énergétique, en font une grande amie des constipations de stagnation. Le parfum de la sarriette relève de nombreux plats lorsqu'on l'utilise comme une aromatique de cuisine. En infusion, comptez une cuillerée à soupe pour une tasse d'eau bouillante, laissez infuser dix minutes et buvez-en trois fois par jour. Si vous désirez utiliser l'huile essentielle de sarriette pour masser les points énergétiques, prenez bien soin de la diluer d'abord (cinq gouttes dans une cuillerée à soupe d'huile d'amande douce) car elle est très irritante pour la peau.

La diététique énergétique

Ce n'est pas la saveur des aliments que l'on doit prendre en compte ici, mais plutôt leur nature. Pour relancer globalement la circulation du *Qi*, il faut privilégier les aliments de nature chaude ou tiède : piment, poivre, gingembre, ail, fenouil, abricot, cerise, litchi, pêche, pistache, crevettes, moules, œuf, viande d'agneau… Évitez seulement les aliments de saveur acide qui ont une action légèrement astringente susceptible de contrarier l'effet de la stimulation énergétique.

Comment soigner la constipation par vide de *Qi* et de sang ?

Pour relancer le transit perturbé, il faut nourrir le sang et relancer le *Qi*, notamment en tonifiant l'énergie dans le méridien de la Rate/Pancréas. Il convient aussi d'augmenter la quantité de liquide transitant par le gros intestin.

Les points à stimuler

Voici les principaux points qu'un acupuncteur pourrait piquer pour soulager ce type de constipation. *(voir les dessins correspondants page 207)*

– *Le 6 Triple Réchauffeur :* comme pour les autres types de constipation, il convient de piquer ce point appelé par les Chinois *Zhi Gou*, ce qui signifie « Branche du canal ». Il est situé sur la face interne de l'avant-bras, à trois travers de doigt au-dessus du pli du poignet, dans le creux qui se forme entre le radius et le cubitus.

– *Le 6 Rate :* les Chinois désignent ce point par l'expression *San Yin Jiao*, ce qui signifie « Intersection des trois *yin* ». Il est situé sur la face interne de la jambe. Pour le trouver, il faut compter quatre travers de doigt au-dessus de la malléole interne, sur une ligne qui suit le bord postérieur du tibia.

– *Le 4 Vaisseau Conception :* dans la tradition chinoise, ce point se nomme *Guan Yuan*, ce qui signifie « Barrière originelle ». Il se situe sur l'abdomen, sur la ligne médiane, à quatre travers de doigt en dessous du nombril.

– *Le 25 Estomac :* très facile à repérer, ce point, appelé *Tian Shu* dans la tradition (c'est-à-dire « Pivot céleste »), se trouve sur l'abdomen, à deux travers de doigt de part et d'autre du nombril.

– *Le 25 Vessie :* celui-ci est situé sur le dos. *Da Chang Shu* (soit le « *Shu* du Gros Intestin ») se trouve à la hauteur de l'apophyse de la quatrième vertèbre lombaire, à deux travers de doigt de part et d'autre de la ligne médiane.

– *Le 36 Estomac :* les Chinois le nomment *Zu San Li,* ce qui signifie « Trois Li du pied ». Il est situé sur le genou. Pour le trouver, tendez la jambe. Le point se trouve sous le bord externe de la rotule, à un travers de doigt à l'extérieur de la crête du tibia.

– *Le 6 Rein :* c'est le *Zhao Hai,* ce qui signifie « Mer brillante ». Ce point est situé sur la face interne du pied, dans le petit creux qui se forme à un travers de doigt en dessous de la pointe de la malléole.

Les plantes médicinales

Dans les préparations de phytothérapie couramment prescrites par les médecins chinois pour soulager ce type de constipation, on trouve souvent *Astragalus membranaceus* et *Angelica sinensis.* En Occident, ces plantes peuvent être remplacées par une plante chinoise facile à trouver, le ginseng, associé à l'éleuthérocoque, une plante stimulante venue de Sibérie, et la cannelle.

– *Le ginseng :* de saveur à la fois douce et amère, cette plante est bien connue en Orient comme en Occident pour ses vertus tonifiantes. En stimulant directement l'énergie *Jing* au niveau des Reins (ce qui explique sa réputation de plante aphrodisiaque), elle relance toute l'énergie du corps et tonifie le processus digestif dans son ensemble, transit compris. Vous trouverez sur le marché de nombreuses préparations à base de ginseng : extrait sec en gélules, extrait liquide en ampoules, extrait alcoolique en flacon compte-gouttes… La posologie dépend de la teneur en principes actifs. Conformez-vous aux indications inscrites sur l'emballage.

– *L'éleuthérocoque :* cette plante stimulante est couramment utilisée en Sibérie pour combattre toutes les formes de fatigue. Elle tonifie l'énergie, stimulant ainsi le transit. Comme la précédente, on la trouve sous forme d'extrait sec ou liquide. La forme galénique la plus efficace semble l'extrait alcoolique (teinture-mère ou alcoolat) car certains de ses principes actifs ne sont solubles que dans l'alcool.

– *La cannelle :* l'huile essentielle extraite de cette plante aromatique stimule la circulation de l'énergie dans le méridien Rate/Pancréas. C'est important pour relancer le transit lorsqu'il est perturbé par un vide de *Qi*. Utilisez-la pour masser les points énergétiques les plus facilement localisables. Mais attention : elle est très irritante pour la peau, ne l'employez jamais pure. Préparez un mélange en versant cinq gouttes d'huile essentielle dans une cuillerée à soupe d'huile d'amande douce.

La diététique énergétique

Le meilleur moyen de corriger un vide de *Qi*, c'est d'avoir une alimentation variée car toutes les saveurs sont susceptibles de relancer la circulation de l'énergie à condition d'être équilibrée. Prenez soin de boire abondamment, car vous devez augmenter la quantité de liquide dans l'intestin. Enfin, vous pouvez mettre légèrement l'accent sur les aliments amers qui tonifient l'énergie du Rein, laquelle est à la base de toute l'énergie du corps. Mettez au menu des asperges et de la chicorée, buvez du thé et un peu de café.

Les douleurs des règles

Ce trouble, qui touche une grande partie des femmes, porte officiellement le nom de dysménorrhée. Ces douleurs sont très variables, tant dans leur intensité que dans la manière dont elles se manifestent. Elles peuvent être annonciatrices des règles ou, au contraire, apparaître en cours, voire juste avant qu'elles ne se terminent. Elles peuvent se manifester dès la puberté et disparaître au bout de quelques années ou, à l'inverse, n'apparaître que tardivement. Elles peuvent être sourdes et lancinantes, aiguës et spasmodiques. Elles sont parfois accompagnées de malaises digestifs, nerveux ou cutanés.

Les douleurs des règles et la médecine chinoise

Pour la médecine occidentale, les douleurs sont dues soit à un problème mécanique (lésions organiques ou fonctionnelles), soit à des troubles hormonaux (insuffisance en progestérone, excès d'hormones thyroïdiennes…), psychiques ou nerveux. Pour la médecine chinoise, ce symptôme, comme tous les autres, signale une perturbation énergétique.

La dysménorrhée par stagnation de l'énergie du Foie

La douleur se manifeste avant l'arrivée des règles. On se sent gonflée, l'abdomen est comme distendu. La douleur irradie dans la région lombaire. Elle est soulagée par la Chaleur. Ces douleurs sont dues à une stagnation de l'énergie dans le méridien du Foie qui ne parvient plus à faire circuler correctement le sang ni à l'acheminer jusqu'à l'utérus. C'est la stagnation du sang dans la région de l'abdomen qui provoque la douleur.

La dysménorrhée par déficience du Qi *et du sang*

Cette fois, la douleur apparaît à la fin des règles. On frissonne, on a les mains et les pieds froids. La pâleur s'accompagne d'une sensation vertigineuse et de palpitations. La douleur s'atténue à la chaleur et à la pression sur l'abdomen. Elle est due à une déficience globale du *Qi* et du sang.

Comment soigner une dysménorrhée par stagnation de l'énergie du Foie ?

Pour soulager ces douleurs, il faut, à la fois, drainer le Foie et remettre le sang en circulation.

Les points à stimuler

Voici les principaux points que pourrait piquer un acupuncteur pour venir à bout de ces douleurs de règles. *(voir les dessins correspondants page 207)*

– *Le 10 Rate :* les Chinois ont baptisé ce point *Xue Hai,* ce qui signifie « Mer du sang ». Il est particulièrement indiqué pour activer globalement la circulation du sang. Ce point se situe près du genou, sur la face interne de la cuisse. Pour le trouver, il vaut mieux être debout, la jambe tendue. Le point se trouve juste au-dessus du coin supérieur interne de la rotule (sur la proéminence du muscle vaste interne qui s'insère à cet endroit).

– *Le 3 Foie :* ce *Tai Chong* (en français « Grand Carrefour ») se trouve sur le dessus du pied, à l'aplomb de l'espace compris entre les deux premiers orteils, dans le creux qui se forme à la jonction des deux premiers métatarsiens.

– *Le 4 Gros Intestin :* ce point se nomme *He Gu,* ce qui signifie « Vallée de la jonction ». C'est un point très facile à situer. Il suffit d'écarter le pouce et l'index : le point se trouve sur le dessus de la main, au fond de la fourchette osseuse qui se forme lorsqu'on place la main dans cette position.

– *Le 3 Vaisseau Conception :* ce point très important s'appelle « Centre parfait » (*Zhong Ji* en chinois). Il se trouve sur la ligne médiane de l'abdomen, à deux travers de doigt au-dessus du bord supérieur de l'os du pubis.

– *Le 32 Vessie :* ce point, baptisé *Ci Liao* par les Chinois (ce qui signifie « Deuxième Trou sacré ») est situé précisément dans la dépression qui se forme au niveau du Deuxième Trou sacré. Pour le trouver, il faut être assis, le dos arrondi et penché vers l'avant. En parcourant le sacrum du haut vers le bas, on rencontre, de part et d'autre de la ligne médiane, des petites dépressions. Le Deuxième Trou sacré est la deuxième de ces dépressions.

– *Le 8 Rate :* les Chinois nomment *Di Ji,* c'est-à-dire « Important pour la Terre », ce point qui se situe sur la face interne de la jambe. Tracez une ligne verticale qui part de la malléole interne de la cheville et qui va jusqu'à l'extrémité supérieure du tibia. Le point se situe à quatre travers de doigt sous la partie renflée et arrondie de l'os (condyle).

Les plantes médicinales

Pour soulager ce type de douleurs, la médecine propose des mélanges de plantes parmi lesquelles *Bupleurum sinensis, Poncirus trifoliata, Paeonia lactiflora, Cyperus rontundus...* Dans la pharmacopée occidentale, on peut les remplacer par l'armoise, le chardon-marie et le cyprus.

– *L'armoise :* de saveur amère, cette plante tonifie l'énergie dans le méridien du Foie. Son usage énergétique rejoint son utilisation traditionnelle occidentale puisqu'elle est utilisée depuis des siècles pour soulager les douleurs de règles. D'ailleurs, elle doit son nom à la déesse grecque Artémis, protectrice des femmes. Elle se consomme en tisane, à raison d'une cuillerée à soupe pour une tasse d'eau bouillante. Laissez infuser dix minutes avant de filtrer. Vous pouvez en boire deux ou trois tasses par jour.

– *Le chardon-marie :* elle aussi de saveur amère, cette plante tonifie également l'énergie dans le méridien du Foie. La phytothérapie occidentale la recommande pour tonifier la circulation sanguine (varices, hémorroïdes...), ce qui n'est pas très éloigné de la vision chinoise de ce type de dysménorrhée. La tisane se prépare avec une cuillerée à soupe de plante séchée pour un gros bol d'eau bouillante, à laisser infuser dix minutes avant de filtrer. Vous pouvez en boire trois bols par jour, de préférence avant les repas.

– *Le cyprès :* l'huile essentielle de la variété *Cyprus sempervirens* agit également sur le méridien du Foie, dont elle tonifie l'énergie. Elle est couramment utilisée en Occident pour stimuler la circulation sanguine (varices, règles insuffisantes...). Vous pouvez l'utiliser pour masser les points d'acupuncture facilement localisables. Cette huile essentielle n'est pas irritante, vous pouvez donc l'utiliser pure à condition de ne pas mettre plus d'une goutte sur le bout du doigt pour masser chaque point.

La diététique énergétique

Pensez aux aliments piquants, pour faire circuler le sang et l'énergie (ail, céleri, fenouil, oignon, radis, poivre, piment de Cayenne, gingembre, noix muscade...). Pensez également à intégrer à vos repas de la cannelle, utilisée en médecine chinoise pour faire circuler le sang, ou des pêches, qui ont aussi cette vertu.

Comment soigner une dysménorrhée par déficience du *Qi* et du sang ?

Puisque ce type de douleurs est dû à une déficience du Qi et du sang, il faut, pour les soulager, nourrir l'énergie et le fluide vital déficients.

Les points à traiter

Un acupuncteur choisira, pour soulager ces douleurs, parmi les points suivants. *(voir les dessins correspondants page 207)*

– *Le 23 Vessie :* dans la tradition, on l'appelle *Shen Shu,* ce qui veut dire « *Shu* des Reins ». Ce point se trouve dans le dos. Pour le localiser, on cherche l'apophyse épineuse de la deuxième vertèbre lombaire, puis on compte deux travers de doigt à droite et à gauche. La position idéale : assis, le dos courbé.

– *Le 6 Rate :* les Chinois désignent ce point par l'expression *San Yin Jiao,* ce qui signifie « Intersection des trois *yin* ». Il est situé sur la face interne de la jambe. Pour le trouver, il faut compter quatre travers de doigt au-dessus de la malléole interne, sur une ligne verticale qui suit le bord postérieur du tibia.

– *Le 4 Vaisseau Conception :* dans la tradition chinoise, ce point se nomme *Guan Yuan,* ce qui signifie « Barrière originelle ». Il se situe sur l'abdomen, sur la ligne médiane, à quatre travers de doigt en dessous du nombril.

– *Le 36 Estomac :* les Chinois le nomment *Zu San Li,* ce qui signifie « Trois Li du pied ». Il est situé sur le genou.

Pour le trouver, tendez la jambe. Le point se trouve sous le bord externe de la rotule, à un travers de doigt à l'extérieur de la crête du tibia.

– *Le 20 Vessie :* ce point, nommé traditionnellement *Pi Shu* (« *Shu* de la Rate »), se situe dans le dos. Il est juste sous l'apophyse épineuse de la onzième vertèbre dorsale, à deux travers de doigt de part et d'autre de la ligne médiane.

Les plantes médicinales

Le mélange, baptisé *Wen Jing Tang*, préconisé par la médecine chinoise pour soulager ce type de douleurs, contient, entre autres, *Zingiber officinalis, Pinellia ternata, Cinnamomum cassia, Ligusticum wallichii*... Dans la pharmacopée occidentale, on les soignera plutôt par du souci, de l'aunée ou du fenouil.

– *Le souci :* voilà une plante de saveur amère et douce qui tonifie l'énergie dans les méridiens Rate/Pancréas et Estomac, tous deux impliqués dans la transformation des aliments en énergie. La pharmacopée traditionnelle occidentale la prescrit également pour soulager les règles douloureuses. La tisane se prépare à partir des pétales séchés des fleurs. Comptez une cuillerée à soupe pour un gros bol d'eau bouillante, laissez infuser dix minutes avant de filtrer. Buvez-en trois ou quatre bols par jour, de préférence loin des repas.

– *L'aunée :* voilà encore une plante qui tonifie l'énergie dans les méridiens Rate/Pancréas et Estomac, mais aussi dans ceux du Rein, du Cœur, du Poumon et du Foie. C'est un stimulant global de l'énergie. Elle est de saveur amère. Hippocrate signalait déjà son « action bienfaisante sur l'utérus ». L'infusion se prépare avec 10 g de racine séchée pour un gros bol d'eau bouillante, à laisser infuser quinze minutes.

– *Le fenouil :* le bulbe de fenouil, que l'on consomme cru ou cuit, possède une saveur à la fois douce et piquante. C'est une vraie plante médicinale, dont on consomme les graines en tisane. Le fenouil dynamise le *Qi* et relance sa circulation. Il soulage toutes les douleurs dues à une stagnation du *Qi*, à commencer par les dysménorrhées. Pour préparer une infusion, comptez deux pincées de graines pour une tasse d'eau bouillante et laissez infuser dix minutes avant de filtrer. Buvez-en trois tasses par jour. Vous pouvez utiliser l'huile essentielle de fenouil pour stimuler les points énergétiques facilement localisables. Mais faites très attention à ne jamais l'employer par voie orale en dehors d'une prescription médicale, car elle est d'usage délicat. Contentez-vous de préparer une huile en versant cinq gouttes d'huile essentielle dans une cuillerée à soupe d'huile d'amande douce, puis massez les points avec une goutte de ce mélange, car elle est irritante pour la peau.

La diététique énergétique

Pour tonifier le sang et relancer l'énergie, plusieurs saveurs sont efficaces. Les aliments piquants font circuler les fluides (ail, céleri, fenouil, oignon, radis, poivre, piment de Cayenne, gingembre, noix de muscade...). Les aliments salés favorisent la production du *Qi* par le Rein (algues, coquillages, crustacés, jambon, sauce de soja...). Évitez seulement les aliments de saveur sucrée qui entravent la circulation de l'énergie dans le méridien de la Rate, empêchant ainsi la circulation du sang et la production du *Qi*.

La grippe

Cette maladie, d'origine virale, est très contagieuse. Elle se manifeste de manière brutale, par une très forte fièvre (39 à 40 °C) accompagnée de frissons et de douleurs diffuses, dont des maux de tête qui peuvent être violents. Dans un deuxième temps apparaissent les symptômes respiratoires : toux, encombrement des bronches, catarrhe nasal... Il ne faut pas confondre cette vraie grippe avec le syndrome grippal, cet ensemble de symptômes accompagnés d'une faible température et qui traînent en longueur. La vraie grippe cède en cinq à six jours. Nous ne parlons pas ici de la grippe grave, accompagnée d'œdème pulmonaire, qui peut avoir une issue fatale, mais de la grippe commune que nous sommes nombreux à attraper chaque hiver. Elle ne se soigne pas à coups d'antibiotiques, car ceux-ci sont inactifs sur les virus.

La grippe et la médecine chinoise

Pour la médecine chinoise, ce n'est pas l'origine virale de la grippe que l'on doit prendre en compte, mais plutôt les déséquilibres énergétiques qui ont permis au virus de pénétrer dans l'organisme. Ils sont de deux ordres : la cause est à rechercher soit du côté d'un Vent froid, soit du côté d'un Vent chaud.

La grippe par attaque d'un Vent froid

Les symptômes débutent très brusquement. Fièvre, frissons, céphalée, courbatures, mais aussi obstruction nasale et écoulement, gorge douloureuse, voix enrouée. On ne transpire pas beaucoup. On se tient recroquevillé, couché en chien de fusil, comme pour se protéger du froid que l'on redoute. Ce type de grippe est dû à l'attaque d'un Vent froid sur la surface du corps. C'est le classique « coup de froid ». L'énergie du Poumon est perturbée : elle est à la fois en plénitude de Vent froid (une énergie perverse) et en manque d'énergie correcte.

La grippe par attaque d'un Vent chaud

Les symptômes sont accompagnés d'une forte fièvre qui provoque une transpiration abondante. On tousse, en expulsant des crachats épais. La gorge est douloureuse et la respiration difficile. On craint le vent. Les symptômes s'accompagnent parfois de constipation. Dans ce cas, c'est le Poumon qui a été attaqué par un Vent chaud.

Comment soigner une grippe due à une attaque de Vent froid ?

Le traitement va consister, d'abord, à renforcer la surface du corps, puis à disperser le Vent froid qui a pénétré à l'intérieur.

Les points à traiter

Voici les principaux points susceptibles d'être piqués par un acupuncteur pour soigner ce type de grippe. *(voir les dessins correspondants page 207)*

– *Le 20 Vésicule biliaire :* les Chinois nomment ce point *Feng Chi*, ce qui signifie « Étang du vent ». Il est réputé disperser les Vents externes et internes. Il se situe sur la nuque, à la base du crâne. De part et d'autre de la ligne médiane, on peut sentir un renflement. Le point se situe à un travers de doigt de ces bosses, vers l'extérieur.

– *Le 16 Vaisseau Gouverneur :* ce point se nomme *Feng Fu* dans la terminologie traditionnelle. Il se situe à la base du crâne, sur la ligne médiane, à un travers de doigt au-dessus de la ligne qui délimite le cuir chevelu, dans le creux qui se forme juste en dessous de la bosse de l'occiput.

– *Le 4 Gros Intestin :* ce point se nomme *He Gu*, ce qui signifie « Vallée de la jonction ». C'est un point très facile à situer. Il suffit d'écarter le pouce et l'index : le point se trouve sur le dessus de la main, au fond de la fourchette osseuse qui se forme ainsi.

– *Le 7 Poumon :* ce point possède un nom très évocateur, *Lie Que*, ce qui signifie « Ordre rompu ». Il est situé sur le côté de l'avant-bras, dans le prolongement du pouce, au-dessus de l'apophyse styloïde radiale. Pour le trouver, vous pouvez compter deux travers de doigt au-dessus du pli de flexion du poignet. Un autre système très efficace : écartez vos pouces et vos index et croisez vos mains de manière à ce que l'index d'une main se pose sur l'autre poignet ; le point se trouve à l'endroit précis où se pose le bout du doigt.

– *Le 12 Vessie :* ce point, que les Chinois nomment *Feng Men* (« Porte du vent »), est l'un des plus efficaces pour disperser le Vent. Il se situe dans le dos, sous l'apophyse épineuse de la deuxième vertèbre dorsale, à deux travers de doigt de part et d'autre de la ligne médiane.

Les plantes médicinales

Les médecins chinois préconisent un mélange de plantes appelé *Hua Gai San.* Il contient, notamment, *Ephedra sinica, Morus alba, Perilla frutescens, Prunus armeniaca, Glycyrrhiza uralensis.* La phytothérapie occidentale propose plutôt de les remplacer par le romarin, le thym, la mauve et le pin.

– *Le romarin :* de nature à la fois douce et acide, cette plante tonifie le méridien du Poumon, ce qui le renforce et l'aide à chasser le Vent froid qui le perturbe. Dans le même temps, le romarin stimule les énergies du Foie, du Cœur et de la Vessie, ce qui lui confère des vertus globalement tonifiantes. En médecine occidentale, on considère le romarin comme une plante stimulante et anti-inflammatoire. Pour préparer une tisane, comptez 20 g de fleurs séchées pour un litre d'eau bouillante, laissez infuser dix minutes puis filtrez et buvez-en deux à trois tasses par jour.

– *Le thym :* de saveur amère, il tonifie également l'énergie du Poumon, stimulant l'immunité et calmant les symptômes bronchiques. Lui aussi est considéré comme un stimulant par notre médecine classique. Vous pouvez boire des infusions de thym, en comptant 30 g de plante séchée pour un litre d'eau bouillante, laissez infuser dix minutes avant de filtrer. Buvez-en trois ou quatre tasses par jour. Pour ne pas perdre les principes actifs très volatils que contient la plante, mettez un couvercle sur la préparation pendant qu'elle infuse et récupérez les gouttes de vapeur qui s'y sont condensées : elles sont particulièrement riches en principes actifs.

– *La mauve :* sa saveur est douce. Elle tonifie directement l'énergie *yang* dans le méridien du Poumon, puisqu'elle est de nature Métal (l'élément auquel le Poumon est relié). La pharmacopée occidentale la considère comme une plante adoucissante, émolliente et anti-inflammatoire, couramment prescrite pour soulager les inflammations des voies respiratoires. En infusion, comptez une cuillerée à soupe pour une tasse d'eau bouillante, laissez infuser dix minutes avant de filtrer. Buvez-en trois tasses par jour, loin des repas. Vous pouvez aussi, si vous avez mal à la gorge, faire des gargarismes de mauve. Dans ce cas, comptez 50 g de plante pour un litre d'eau froide, faites bouillir deux minutes puis laissez infuser dix minutes avant de filtrer.

– *Le pin :* c'est de l'huile essentielle de pin dont il est question ici. Vous pouvez l'utiliser pour masser les points énergétiques les plus aisément localisables. De saveur amère, elle harmonise l'énergie du Poumon. Ne l'utilisez jamais par voie interne en dehors d'une prescription médicale, car certaines variétés sont d'un usage délicat. Mais aucune n'est irritante pour la peau. Vous pouvez donc mettre directement une goutte d'huile essentielle de pin sur le bout du doigt pour masser les points un à un.

La diététique énergétique

Pour tonifier l'énergie du Poumon, privilégiez les aliments de saveur acide : tomate, citron, pamplemousse, orange… Le faisan est l'une des rares viandes de saveur acide. N'hésitez pas à vinaigrer vos salades plus qu'à l'accoutumée. Dans le même temps, pour aider cet organe à se débarrasser de l'énergie perverse du Vent qui l'encombre, mettez au menu des épices piquantes : ail, ciboulette, cannelle, cardamome, coriandre, gingembre, poivre, piment de Cayenne, carvi, menthe, origan…

Comment soigner une grippe par attaque d'un Vent chaud ?

Dans ce cas, il faut avant tout rafraîchir, pour évacuer le Vent chaud et disperser l'énergie du Poumon. Les gestes thérapeutiques vont aussi calmer la toux et accentuer la transpiration qui contribue à évacuer la Chaleur interne.

Les points à stimuler

Voici les principaux points susceptibles d'être piqués par un acupuncteur pour chasser une grippe liée à un Vent chaud. *(voir les dessins correspondants page 207)*

– *Le 14 Vaisseau Gouverneur :* les Chinois le nomment *Da Zhui*, ce qui signifie « Grande Vertèbre ». Ce point est situé sur la colonne vertébrale, dans le creux qui se forme juste en dessous de l'apophyse épineuse de la septième vertèbre cervicale.

– *Le 4 Gros Intestin :* ce point se nomme *He Gu*, ce qui signifie « Vallée de la jonction ». C'est un point très facile à situer. Il suffit d'écarter le pouce et l'index : le point se trouve sur le dessus de la main, au fond de la fourchette osseuse qui se forme ainsi.

– *Le 11 Gros Intestin :* les Chinois l'appellent *Qu Chi*, soit « Étang courbé ». Ce point est situé sur le bras, à hauteur du coude. Il vous suffit de plier le bras, et vous le trouverez à l'extrémité du pli de flexion du coude.

– *Le 40 Estomac :* ce point répond à l'appellation originale de *Feng Long*, ce qui signifie « Abondance et prospérité ». Il est situé sur l'avant de la jambe, légèrement vers l'extérieur. Tracez une ligne qui suit l'arête du péroné, depuis l'articulation du genou jusqu'à la cheville. Le point se trouve au milieu de cette ligne.

– *Le 13 Vessie :* c'est un point très important pour régulariser l'énergie du Poumon. Son nom même l'exprime, car il s'appelle *Fei Shu*, ce qui signifie « *Shu* du Poumon ». Il est situé dans le dos, juste sous l'apophyse épineuse de la troisième vertèbre dorsale, à deux travers de doigt de part et d'autre de la ligne médiane.

– *Le 10 Poumon :* il porte le nom de *Yu Ji*, ce qui signifie « Bordure du poisson ». Il est situé sur la partie externe de la paume de la main, sous le pouce. Si vous suivez l'os métacarpien depuis l'articulation du pouce jusqu'à celle du poignet, vous trouverez ce point à mi-chemin entre les deux.

– *Le 11 Poumon :* ce point appelé *Shao Shang*, ou « *Shang* mineur », se trouve sur le dessus du pouce, au coin extérieur de la racine de l'ongle.

Les plantes médicinales

Le mélange de plantes couramment prescrit en médecine chinoise pour soigner ce type de grippe réunit, entre autres, *Morus alba, Prunus armeniaca, Platycodon grandiflorus, Phragmites communis*. Il se nomme *San Yu Jin*. En pharmacopée occidentale, ces plantes peuvent être remplacées par l'eucalyptus, la guimauve et l'huile essentielle d'ylang-ylang.

– *L'eucalyptus :* sa saveur énergétique est amère. Il a la faculté de disperser l'énergie dans le méridien du Poumon, aidant ainsi à l'évacuation de l'excès de Chaleur qui encombre cet organe. La médecine occidentale le considère comme un puissant antiseptique des voies respiratoires. Il calme la toux. Vous pouvez l'utiliser en infusion, à raison de cinq feuilles pour une tasse d'eau bouillante, à laisser infuser dix minutes avant de filtrer. Buvez-en trois tasses par jour, loin des repas. Vous pouvez aussi essayer les inhalations : faites bouillir pendant cinq minutes 15 g de feuilles séchées dans un demi-litre d'eau, puis filtrez et placez votre visage au-dessus de la vapeur qui s'échappe, en vous recouvrant d'une serviette. Respirez les vapeurs chargées des principes actifs de la plante jusqu'à ce que la décoction refroidisse.

– *La guimauve :* parmi les énergies que cette plante sait disperser figure, en tête, celle du Poumon. C'est par ce biais qu'elle contribue à évacuer l'excès de Chaleur concentrée dans cet organe. Elle soulage les symptômes respiratoires. La tradition occidentale lui attribue des qualités émollientes et adoucissantes. Elle calme notamment l'inflammation des muqueuses bronchiques et la toux. La tisane de guimauve se prépare en laissant infuser 30 g de feuilles et de fleurs dans un litre d'eau bouillante pendant dix minutes.

– *L'ylang-ylang :* cette plante au parfum suave donne une huile essentielle de saveur douce, qui disperse l'énergie dans de nombreux méridiens, y compris celui du Poumon. Elle complète l'action des plantes si vous l'utilisez pour masser les points d'énergie les plus facilement localisables. Cette huile essentielle n'est pas irritante, vous pouvez donc l'utiliser pure, à raison d'une goutte sur le bout du doigt pour masser chaque point.

La diététique énergétique

L'urgence étant de disperser l'énergie du Poumon, il faut surtout privilégier les aliments de saveur piquante : ail, ciboulette, oignon, fenouil, mais aussi les épices comme la cannelle, la cardamome, la badiane, le carvi, la coriandre, le gingembre, les clous de girofle, le poivre, le piment de Cayenne. Les radis ainsi que le chou chinois sont particulièrement conseillés en médecine chinoise pour disperser la Chaleur du Poumon.

LE HOQUET

Il est bien désagréable, ce hoquet, pour ceux qui le subissent pendant parfois des heures sans pouvoir s'en défaire. La sagesse populaire propose d'ailleurs divers « trucs » pour s'en débarrasser : prononcer sans respirer une phrase absurde le plus grand nombre de fois possible, boire à l'envers sans renverser une seule goutte, avoir brutalement peur… En fait, il s'agit d'une contraction spasmodique du diaphragme. Cette dernière est responsable à la fois du bruit caractéristique et du tressautement du thorax. Tous les « trucs » populaires se fondent, de manière empirique, sur une vérité car le fait de contrôler sa respiration, de la suspendre volontairement ou involontairement (comme dans la frayeur), fait souvent cesser le hoquet.

Comment soigner le hoquet par la médecine chinoise ?

Selon les données de la médecine traditionnelle chinoise, le hoquet serait dû à une perturbation de l'énergie dans le méridien de l'Estomac. C'est une circulation à contre-courant qui en serait responsable. Il suffit donc d'inverser la circulation de l'énergie pour rétablir son flux normal, et le hoquet cesse. Le traitement repose donc principalement sur la stimulation de points. Quelques plantes et règles alimentaires peuvent participer au traitement si le hoquet s'avère récalcitrant.

Les points à stimuler

Voici donc les principaux points capables de faire cesser ce tressautement incongru et perturbant. *(voir les dessins correspondants page 207)*

– *Le 12 Vaisseau Conception :* ce point, appelé *Zhong Wan* (« Estomac central »), se trouve sur l'abdomen, à quatre travers de doigt au-dessus du nombril, sur la ligne médiane.

– *Le 6 Maître du Cœur :* cette « Barrière interne », ce qui s'exprime en chinois par *Nei Guan*, se situe sur la face interne de l'avant-bras. Tracez une ligne au milieu du poignet et comptez deux travers de doigt sur cette ligne, au-dessus du premier pli de flexion.

– *Le 8 Maître du Cœur :* c'est un point que l'on peut facilement masser ou chauffer avec un moxa. Baptisé *Gao Long*, soit « Palais du labeur », il se trouve sur la paume de la main, entre le deuxième et le troisième métacarpien. Pour le trouver, fermez votre poing et repérez le point où se pose l'extrémité de votre majeur. Vous pouvez également le stimuler en faisant rouler un petit bâton entre vos deux paumes. On ne pique jamais ce point avec des aiguilles.

– *Le 17 Vessie :* c'est le point « *Shu* du diaphragme », ce qui se dit en chinois *Ge Shu*. Il se situe dans le dos, sous l'apophyse épineuse de la septième vertèbre dorsale, à deux travers de doigt de part et d'autre de la ligne médiane. Vous pouvez obtenir un arrêt immédiat du hoquet en frottant vigoureusement ces deux points.

Les plantes médicinales

Pour mettre fin au hoquet, la médecine chinoise recommande d'utiliser des plantes aromatiques de saveur piquante et tiède qui sont susceptibles de régulariser l'énergie dans le méridien de l'Estomac. Ce sont la cannelle, le clou de girofle, les graines d'aneth, la badiane... La médecine occidentale propose, elle aussi, des plantes aromatiques, dont certaines sont communes : l'aneth, l'anis vert et l'estragon.

– *L'aneth :* de saveur piquante et tiède, cette plante peut être utilisée en cuisine ou en thérapeutique. Ce dernier usage privilégie les graines séchées. Préparez une infusion avec 2 g (une pincée) de graines d'aneth pour un gros bol d'eau bouillante, laissez infuser dix minutes avant de filtrer.

– *L'anis vert :* lui aussi possède une saveur piquante et tiède, susceptible de régulariser l'énergie dans le méridien de l'Estomac. La phytothérapie occidentale lui attribue des vertus antispasmodiques. Comptez une cuillerée à café de semences pour un gros bol d'eau bouillante, laissez infuser dix minutes avant de filtrer.

– *L'estragon :* cette aromatique de cuisine produit une huile essentielle très odorante, qui peut compléter l'action des plantes médicinales si vous l'utilisez pour masser les points énergétiques les plus facilement localisables (notamment le 6 et le 8 Maîtres du Cœur). Préparez une huile de massage en versant dix gouttes d'huile essentielle d'estragon dans une cuillerée à soupe d'huile d'amande douce. Mettez une goutte de ce mélange sur le bout du doigt pour masser chaque point. Vous pouvez accompagner ces massages par une tasse de tisane d'estragon, qui a un effet antispasmodique : faites infuser une pincée de plante fraîche dans une tasse d'eau bouillante pendant cinq minutes avant de filtrer. Buvez très chaud.

La diététique énergétique

Pour vous débarrasser d'un hoquet rebelle, abusez de ces épices piquantes et tièdes qui font la base des recettes de phytothérapie chinoise : la cannelle, le clou de girofle, l'aneth, la badiane… Le litchi a aussi la réputation de régulariser l'énergie dans le méridien de l'Estomac et constitue ainsi une recette de base pour se libérer du hoquet.

L'IMPUISSANCE

La médecine occidentale décrit l'impuissance comme une incapacité à avoir un rapport sexuel normal. C'est donc, de fait, un trouble qui touche les hommes beaucoup plus que les femmes. Chez ces dernières, l'impossibilité à subir la pénétration est rare. Elle peut provenir de problèmes organiques (obstruction des voies génitales) ou psychiques (refus inconscient du coït). Chez les hommes, l'impuissance est plus fréquente car elle peut avoir de nombreuses causes : absence d'érection, érection trop molle, éjaculation précoce, absence d'éjaculation... Nous parlons ici de l'impuissance masculine.

L'impuissance et la médecine chinoise

En médecine chinoise, c'est une déficience dans l'énergie du Rein qui est à la base de l'impuissance. Le Rein est le siège de l'énergie *Jing*, l'énergie essentielle que nous avons héritée de nos parents à la conception. C'est aussi l'énergie de la sexualité. Cette énergie est stockée au niveau des reins-organes, dans un espace que les Chinois nomment *Mingmen*, puis circule le long de méridiens particuliers appelés « curieux ». Pour soigner l'impuissance, il faudra donc agir à la fois sur les méridiens associés du Rein et de la Vessie, et sur les méridiens « curieux ».

Cette impuissance se manifeste par une absence d'érection, ou une érection trop faible ou de trop courte durée pour être efficace. On se sent déprimé, vide, avec une sensation de faiblesse dans la région lombaire et dans les genoux. On est pâle, on a les extrémités froides, on ressent parfois des vertiges. L'envie d'uriner est fréquente. Souvent l'impuissance est associée à des palpitations et des insomnies.

Comment soigner l'impuissance par la médecine chinoise ?

Puisque la faiblesse siège dans la région des reins, il faut tonifier à la fois l'énergie qui circule dans le méridien du Rein et celle qui nourrit *Mingmen*.

Les points à stimuler

Voici les principaux points que traitent habituellement les acupuncteurs pour remédier à l'impuissance masculine. *(voir les dessins correspondants page 207)*

– *Le 23 Vessie :* dans la tradition, on l'appelle *Shen Shu,* ce qui veut dire « *Shu* des Reins ». Ce point, situé sur le méridien de la Vessie, se trouve dans le dos. Pour le localiser, on cherche l'apophyse épineuse de la deuxième vertèbre lombaire, puis on compte deux travers de doigt à droite et à gauche. La position idéale : assis, le dos courbé.

– *Le 3 Rein :* ce « Grand Ravin » (en Chinois *Tai Xi*) se trouve sur la face interne de la cheville. Tracez une ligne qui part du sommet de la malléole interne et qui va vers le tendon d'Achille : le point se trouve dans une petite dépression au milieu de cette ligne. Pour le trouver plus facilement, il vaut mieux poser le pied bien à plat sur le sol.

– *Le 4 Vaisseau Conception :* dans la tradition chinoise, ce point se nomme *Guan Yuan,* ce qui signifie « Barrière originelle ». Il se situe sur l'abdomen, sur la ligne médiane, à quatre travers de doigt en dessous du nombril.

– *Le 4 Vaisseau Gouverneur :* les Chinois le nomment, justement, *Mingmen,* ce qui signifie « Porte du mandat céleste ». Ce point est situé sur la colonne vertébrale, dans le creux qui se forme juste sous l'apophyse épineuse de la deuxième vertèbre lombaire.

Les plantes médicinales

En médecine chinoise, on soigne l'impuissance avec un mélange de plantes appelé *Jin Kui Shen Qi Wan.* Il contient, entre autres, *Dioscorea opposita, Cornus officinalis, Cinnamomum cassia, Aconitum carmichaelii…* La médecine occidentale les remplace par le ginseng, le fenouil et le santal.

– *Le ginseng :* cette plante, que nous avons empruntée à la tradition chinoise, possède des effets stimulants puissants. Elle renforce globalement l'énergie et, notamment, l'énergie du Rein. Elle a donc sa place dans le traitement contre l'impuissance. La tradition populaire lui attribue des vertus aphrodisiaques, qui ont été confirmées par des travaux scientifiques puisqu'on a vérifié que cette plante augmente la qualité du sperme chez les animaux. On trouve le ginseng soit sous forme d'extrait sec conditionné en gélules, soit sous forme d'extrait liquide conditionné en ampoules. La posologie dépend de la concentration en principes actifs. Il faut donc se conformer aux conseils figurant sur l'emballage du produit que vous consommez.

– *Le fenouil :* le bulbe de fenouil, que l'on consomme cru ou cuit, possède une saveur à la fois douce et piquante. Le fenouil dynamise globalement le *Qi* et stimule sa circulation. C'est par ce biais qu'il participe à la lutte contre l'impuissance. Vous pouvez mettre du fenouil à vos menus. Vous pouvez aussi consommer ses graines en tisane. Pour préparer une infusion, comptez deux pincées de graines pour une tasse d'eau bouillante et laissez infuser dix minutes avant de filtrer. Buvez-en trois tasses par jour.

– *Le santal :* l'huile essentielle de santal est extraite des racines de la plante. Elle est traditionnellement utilisée pour lutter comme astringent, tonique et même aphrodisiaque. Vous pouvez l'employer pour masser les points énergétiques les plus aisément localisables. Préparez une huile de massage en versant dix gouttes d'huile essentielle de santal dans une cuillerée à soupe d'huile d'amande douce, puis mettez une goutte de ce mélange sur le bout du doigt pour masser chaque point.

La diététique énergétique

Globalement, c'est la saveur amère qui tonifie l'énergie du Rein : chicorée, laitue, scarole, pissenlit, mais aussi asperge, foie d'agneau ou de mouton, café, thé... En plus de cette base, les Chinois préconisent certains aliments spécifiques. La noix tonifie le *Qi* du Rein, ainsi que la pistache et le poulet. Les crevettes, les huîtres et les moules tonifient le *yang* du Rein.

LES INSOMNIES

Les troubles du sommeil sont très fréquents dans notre société moderne où le stress, les soucis, les tensions diverses grignotent le calme de nos nuits. De fait, le stress et les troubles nerveux sont l'une des grandes sources d'insomnies. Mais la qualité et la quantité du sommeil peuvent aussi être perturbées par la douleur, la dépression, les problèmes digestifs... Malgré leur extrême variété, toutes les insomnies sont traitées par la médecine occidentale de la même manière : avec des médicaments somnifères qui produisent un sommeil artificiel peu réparateur. En outre, ces médicaments provoquent rapidement une accoutumance lorsqu'ils sont pris de manière régulière.

Les insomnies et la médecine chinoise

Les principaux déséquilibres énergétiques qui conduisent à l'insomnie sont de trois ordres.

L'insomnie par plénitude du Foie et de la Vésicule biliaire

Ce type de plénitude provoque un dégagement de Feu vers le haut du corps, en direction de la tête. L'insomnie qui en découle est accompagnée de maux de tête. On se sent coléreux, irritable. On a la bouche amère.

L'insomnie par vide de Cœur et de Rate

En énergétique chinoise, le Cœur est lié à la joie, et la Rate au mouvement des pensées. Lorsque ces deux méridiens majeurs manquent d'énergie, ces émotions sont perturbées. La tristesse remplace la joie, les pensées tournent en rond. Les insomnies qui en découlent sont faites de réveils multiples et fréquents. On a le teint pâle, on se sent fatigué, on manque d'appétit. La mémoire flageole et le Cœur est agité de palpitations confuses.

L'insomnie par vide de Cœur et de Rein

Dans la symbolique chinoise, le Cœur est associé au Feu et le Rein à l'Eau. Lorsque ces deux éléments antagonistes et complémentaires sont désynchronisés, des troubles apparaissent, parmi lesquels l'insomnie. Comme le Rein est lié à la peur, les insomnies par vide de Cœur et de Rein s'accompagnent à la fois de tristesse et d'inquiétudes pénibles. On a l'impression d'avoir la tête lourde. On ressent des sensations vertigineuses et des bourdonnements d'oreille. La bouche est sèche. La zone lombaire est lourde, voire douloureuse.

Comment soigner l'insomnie par plénitude du Foie et de la Vésicule biliaire ?

Pour retrouver le sommeil, il faut parvenir à disperser le Feu qui perturbe le Foie et la Vésicule biliaire, dégager leur plénitude et faire à nouveau circuler l'énergie *yang* qui est bloquée dans le haut du corps.

Les points à stimuler

Voici les principaux points qu'un acupuncteur peut piquer pour venir à bout de ce type d'insomnie. *(voir les dessins correspondants page 207)*

– *Le 18 Vessie :* ce point, appelé en chinois *Gan Shu*, est le « *Shu* du Foie ». Il est situé dans le dos, sous l'apophyse épineuse de la neuvième vertèbre dorsale, à deux travers de doigt de part et d'autre de la ligne médiane.

– *Le 19 Vessie :* situé juste en dessous du précédent, ce point porte le nom de *Dan Shu*, ce qui signifie « *Shu* de la Vésicule biliaire ». Il se trouve sous l'apophyse de la dixième vertèbre dorsale, à deux travers de doigt de part et d'autre de la ligne médiane.

– *Le 23 Vésicule biliaire :* baptisé *Zhe Jin*, ce point se trouve sur le thorax, sur l'extérieur du mamelon, dans le quatrième espace intercostal.

– *Le 10 Triple Réchauffeur :* ce point répond au nom traditionnel de *Tian Jing*. Il est situé sur l'arrière du bras, à hauteur du coude. Pour le trouver, fléchissez le coude : le point se trouve dans la petite dépression qui se trouve juste au-dessus de l'os saillant.

Les plantes médicinales

Pour disperser cet excès d'énergie qui perturbe le Foie et monte à la tête, la médecine chinoise préconise un mélange de plantes appelé *Long Dian Xie Gan Tang*. En médecine occidentale, on utilise d'autres plantes pour disperser cet excès d'énergie. Ce sont la valériane, le mélilot, la mélisse.

– *La valériane :* elle fait partie des plantes *yin* du Bois, qui disperse l'énergie dans le méridien majeur de cet élément, le Foie. Elle permet donc au corps d'évacuer l'excès d'énergie qui perturbe le sommeil. La phytothérapie occidentale utilise aussi la valériane pour soulager les insomnies. Vous pouvez l'utiliser en tisane, à raison d'une cuillerée à soupe de racine séchée pour un gros bol d'eau froide, à faire bouillir deux minutes puis à laisser infuser dix minutes. On trouve aussi de la valériane en extrait sec, conditionné en gélules. La posologie dépend de la teneur en principes actifs, il faut donc se conformer aux indications figurant sur l'emballage.

– *Le mélilot :* de saveur à la fois douce, acide et amère, cette plante possède de nombreuses vertus, dont celle de disperser l'énergie dans le méridien du Foie. Comme la précédente, elle soulage donc les insomnies liées à un excès de Feu dans cet organe. Cette fois encore, l'usage énergétique rejoint l'usage occidental, car le mélilot est couramment employé par nos phytothérapeutes pour soulager l'insomnie. Il se prépare en infusion, avec une cuillerée à soupe de sommités fleuries séchées pour un gros bol d'eau bouillante à laisser infuser dix minutes avant de filtrer.

– *La mélisse :* pour compléter l'action des deux plantes précédentes, vous pouvez utiliser l'huile essentielle de mélisse pour masser les points énergétiques les plus facilement localisables. Cette huile essentielle est sans danger pour la peau, vous pouvez donc la mettre pure sur le bout du doigt (une goutte) pour masser chaque point. La mélisse est une plante couramment utilisée pour ses vertus calmantes.

La diététique énergétique

Pour disperser l'excès de Feu dans le méridien du Foie, il faut privilégier les aliments doux et de nature rafraîchissante. Par exemple la banane, le melon, la pastèque, la mangue, la prune, les épinards, le concombre… Pensez à l'huile de sésame pour l'assaisonnement.

Comment soigner l'insomnie par vide du Cœur et de la Rate ?

Pour soulager ce type de trouble du sommeil, il faut tonifier à la fois l'énergie de la Rate et celle du Cœur. Il faut aussi stimuler le sang afin que l'énergie fortifiée puisse circuler librement.

Les points à stimuler

Voici les principaux points que l'on stimule en acupuncture pour venir à bout de ce type d'insomnie. *(voir les dessins correspondants page 207)*

– *Le 10 Rate :* les Chinois ont baptisé ce point *Xue Hai,* ce qui signifie « Mer du sang ». Il est particulièrement indiqué pour activer globalement la circulation du sang. Ce point se situe près du genou, sur la face interne de la cuisse. Pour le trouver, il vaut mieux être debout, la jambe tendue. Le point se trouve juste au-dessus du coin supérieur interne de la rotule (sur la proéminence du muscle qui s'insère à cet endroit, le muscle vaste interne).

– *Le 20 Vessie :* ce point, nommé traditionnellement *Pi Shu* (« *Shu* de la Rate »), se situe dans le dos. Il est juste sous l'apophyse épineuse de la onzième vertèbre dorsale, à deux travers de doigt de part et d'autre de la ligne médiane.

– *Le 17 Vessie :* c'est le point « *Shu* du diaphragme », ce qui se dit, en chinois, *Ge Shu.* Il se situe dans le dos, sous l'apophyse épineuse de la septième vertèbre dorsale, à deux travers de doigt de part et d'autre de la ligne médiane.

– *Le 1 Rate :* ce point répond au nom étrange de *Yin Bai*, ce qui signifie « Blanc caché ». Il est situé sur le bord interne du pied, au niveau du gros orteil, tout près du coin supérieur de l'ongle.

– *Le 7 Cœur :* il se nomme *Shen Men*, ce qui signifie « Porte du *Shen* ». Ce point se trouve sur le bord externe du poignet (du côté de l'auriculaire), dans un petit creux qui se forme à côté du bord externe du tendon du muscle cubital.

– *Le 15 Vessie :* les Chinois le nomment *Xin Shu*, ce qui veut dire « *Shu* du Cœur ». C'est un point important pour agir sur l'énergie de cet organe. Il se trouve dans le dos, sous l'apophyse épineuse de la cinquième vertèbre dorsale.

– *Le 45 Estomac :* ce point, qui porte le nom de *Li Dui*, se trouve sur le dessus du pied, juste au-dessus du coin supérieur externe du second orteil.

Les plantes médicinales

Le mélange de plantes couramment prescrit par les médecins qui pratiquent la médecine chinoise dans leur pays contient notamment *Poria cocos, Astragalus membranaceus, Euphoria longan, Ziziphus jujuba...* La phytothérapie occidentale propose, pour les remplacer, l'usage de la camomille et de la lavande.

– *La camomille :* cette plante de saveur amère tonifie l'énergie dans le méridien de la Rate. La phytothérapie occidentale lui attribue des vertus calmantes et apaisantes. C'est une plante douce, que l'on peut donner aux enfants. Pour préparer une tisane, comptez 5 g de fleurs séchées pour une tasse d'eau bouillante, laissez infuser dix minutes avant de filtrer. Buvez deux tasses par jour, avant et après le repas du soir.

– *La lavande :* cette plante, de saveur amère, tonifie l'énergie dans tous les méridiens, notamment ceux de la Rate et du Cœur. C'est une plante très aromatique, pratique et facile à utiliser. En infusion, comptez 20 g de fleurs séchées pour un litre d'eau bouillante, laissez infuser dix minutes avant de filtrer. Buvez trois tasses par jour, à distance des repas, dont une après le repas du soir. Vous pouvez également l'utiliser pour masser les points énergétiques les plus faciles à localiser. L'huile essentielle de lavande n'est pas irritante, vous pouvez donc l'utiliser pure, directement sur la peau. Il vaut mieux utiliser la variété *Lavandula officinalis.*

La diététique énergétique

Pour tonifier les énergies du Cœur et de la Rate, qui correspondent respectivement aux éléments Feu et Terre, vous devez privilégier les aliments de saveur salée et piquante. Pour tonifier le sang, pensez au jujube, un petit fruit savoureux que l'on trouve sur les marchés méditerranéens. Le miel est aussi utile car il tonifie la Rate. Pensez également au blé (pain, pâtes…), qui nourrit à la fois le *Qi* de la Rate et celui du Cœur, et la coriandre.

Comment soigner l'insomnie par vide du Cœur et du Rein ?

Puisque les énergies du Cœur et du Rein sont associées pour provoquer ce type d'insomnie, il faut les tonifier toutes les deux et les harmoniser.

Les points à stimuler

Voici les principaux points que pourrait piquer un acupuncteur pour soigner ce type d'insomnie. *(voir les dessins correspondants page 207)*

– *Le 23 Vessie :* dans la tradition, on l'appelle *Shen Shu,* ce qui veut dire « *Shu* des Reins ». Ce point, situé sur le méridien de la Vessie, se trouve dans le dos. Pour le localiser, on cherche l'apophyse épineuse de la deuxième vertèbre dorsale, puis on compte deux travers de doigt à droite et à gauche. La position idéale : assis, le dos courbé.

– *Le 3 Rein :* ce « Grand Ravin » (en chinois *Tai Xi*) se trouve sur la face interne de la cheville. Tracez une ligne qui part du sommet de la malléole interne et qui va vers le tendon d'Achille : le point se trouve dans une petite dépression au milieu de cette ligne. Pour le trouver plus facilement, il vaut mieux poser le pied bien à plat sur le sol.

– *Le 6 Vaisseau Conception :* ce point baptisé *Qi Hai,* c'est-à-dire « Mer du *Qi* », est situé sur la ligne médiane de l'abdomen, à deux travers de doigt sous le nombril.

– *Le 8 Maître du Cœur :* c'est un point que l'on peut facilement masser ou chauffer avec un moxa. Baptisé *Gao Long,* soit « Palais du labeur », il se trouve sur la paume de la main, entre le deuxième et le troisième métacarpien. Pour le trouver, fermez votre poing et repérez le point où se pose l'extrémité de votre majeur. Vous pouvez également le stimuler en faisant rouler un petit bâton entre vos deux paumes. On ne pique jamais ce point avec une aiguille.

– *Le 15 Vessie :* les Chinois le nomment *Xin Shu,* ce qui veut dire « *Shu* du Cœur ». C'est un point important pour agir sur l'énergie de cet organe. Il se trouve dans le dos, sous l'apophyse épineuse de la cinquième vertèbre dorsale.

– *Le 1 Rein :* ce point, particulièrement facile à masser (comme le 8 Maître du Cœur), se nomme *Yong Quan*, ce qui signifie « Source jaillissante ». Il est situé sur la plante du pied. Pour le trouver, tracez une ligne médiane qui part de la base des orteils et va jusqu'au talon. Le point se trouve au tiers supérieur de cette ligne.

Les plantes médicinales

La médecine chinoise préconise, pour soulager ces insomnies, un mélange de plantes contenant entre autres *Zingiber officinalis, Aconitum carmichaelii, Poria cocos, Paeonia lactiflora.* Pour les remplacer, la pharmacopée occidentale met à notre disposition l'angélique, le fenouil et le thym.

– *L'angélique :* c'est une plante *yang* du Feu. Elle stimule l'énergie dans le méridien du Cœur et, par là, contribue à soigner les insomnies liées à un manque d'énergie dans cet organe. Dans la phytothérapie occidentale, l'angélique est sédative et légèrement hypnotique. Les deux usages se rejoignent donc. Vous pouvez consommer l'angélique en tisane, à raison d'une cuillerée à dessert de semences pour un gros bol d'eau bouillante. Laissez infuser dix minutes avant de filtrer.

– *Le fenouil :* de saveur douce et piquante, cette plante stimule l'énergie du Rein. C'est sa vertu tonifiante qui lui permet de rééquilibrer l'organisme en manque d'énergie de manière à retrouver le sommeil. Pour préparer une infusion, comptez deux pincées de graines pour une tasse d'eau bouillante et laissez infuser dix minutes avant de filtrer. Buvez-en trois tasses par jour.

– *Le thym :* dotée d'une saveur amère, cette plante tonifie l'énergie dans le méridien du Rein. Conjuguée aux deux plantes précédentes, elle permet de relancer l'énergie dont la déficience provoque les troubles du sommeil. La phytothérapie occidentale lui attribue des vertus stimulantes en même temps que calmantes. Vous pouvez boire des infusions de thym, en comptant 30 g de plante séchée pour un litre d'eau bouillante à laisser infuser dix minutes avant de filtrer. Buvez-en trois ou quatre tasses par jour. Pour ne pas perdre les principes actifs très volatils que contient la plante, mettez un couvercle sur l'infusion pendant qu'elle infuse et récupérez les gouttes de vapeur qui s'y sont condensées : elles sont particulièrement riches. Vous pouvez aussi utiliser l'huile essentielle de thym pour masser les points énergétiques les plus facilement localisables, notamment ceux situés dans le creux de la paume et sous la plante du pied. Pour cet usage, procurez-vous l'huile essentielle de « thym à linalol » *(Thymus vulgaris linaloliferum)*, plus efficace pour lutter contre la nervosité.

La diététique énergétique

Pour retrouver l'équilibre énergétique qui vous rendra votre sommeil, il vous faut, à la fois, stimuler l'élément Feu dans votre organisme (le Cœur) et dynamiser l'élément Eau (la Rate). Les saveurs piquantes et amères sont donc à privilégier. Cependant, la saveur amère disperse globalement le Feu. Mieux vaut donc miser d'abord sur la saveur piquante (ail, ciboulette, céleri, fenouil, poivre, piment de Cayenne, cannelle, gingembre…). L'œuf de poule (particulièrement le jaune) tonifie l'énergie du cœur et participe à la lutte contre ce type d'insomnie.

LES LOURDEURS DIGESTIVES

La médecine réunit sous le terme de dyspepsie l'ensemble des petits troubles qui perturbent la digestion, la rendant plus lente et plus difficile. Lourdeurs, sensations de brûlures, nausées, éructations… peuvent se manifester ensemble ou de manière isolée. Même si ce syndrome n'a pas de caractère de gravité, il est très désagréable et perturbant.

La dyspepsie et la médecine chinoise

La médecine chinoise identifie deux causes courantes aux dyspepsies : la dysharmonie entre le Foie et la Rate, et une perturbation dans le méridien de l'Estomac.

La dyspepsie par stagnation du Qi *du Foie*

Dans ce cas, on se sent ballonné. Le ventre est douloureux et tendu. On ressent du dégoût pour la nourriture. Lorsqu'on mange, les aliments provoquent des remontées acides dans le tube digestif, accompagnées d'éructations désagréables. Parfois, le malaise va jusqu'aux vomissements acides. Les selles sont pâteuses, non moulées. La langue est recouverte d'un enduit épais et gras. Ces symptômes sont provoqués par plusieurs facteurs conjugués. D'abord, la nourriture stagne dans l'Estomac, à cause d'un déséquilibre dans l'énergie de ce méridien (lié à celui de la Rate) qui circule à contre-courant. Le *Qi* du Foie est, lui aussi, en stagnation.

La dyspepsie par dysharmonie entre le Foie et la Rate

Le ventre est gonflé et animé de borborygmes. On a peu d'appétit. On se sent triste, on soupire fréquemment, comme pour libérer la poitrine d'un poids. Des épisodes d'énervement alternent avec des crises de déprime. Les selles sont irrégulières, plutôt liquides, et on ressent des douleurs dans l'abdomen. Dans ce cas, les troubles sont dus à des dysharmonies dans l'équilibre énergétique du Foie et de la Rate.

Comment soigner la dyspepsie par stagnation du *Qi* du Foie ?

Il faut à la fois tonifier l'énergie du Foie, qui stagne, et disperser légèrement l'énergie de la Rate afin de rétablir une circulation plus harmonieuse de l'énergie dans le méridien qui lui est associé, celui de l'Estomac.

Les points à stimuler

Voici les principaux points que pourrait piquer un acupuncteur pour soulager les troubles de ce type. *(voir les dessins correspondants page 207)*

– *Le 2 Foie :* ce point, appelé traditionnellement *Xing Jian*, se trouve sur le dessus du pied, dans la commissure située entre les deux premiers orteils, juste en arrière de la zone palmaire.

– *Le 12 Vaisseau Conception :* ce point, appelé *Zhong Wan* (« Estomac central »), se trouve sur l'abdomen, à quatre travers de doigt au-dessus du nombril, sur la ligne médiane.

– *Le 36 Estomac :* les Chinois le nomment *Zu San Li,* ce qui signifie « Trois Li du pied ». Il est situé sur le genou. Pour le trouver, tendez la jambe. Le point se trouve sous le bord externe de la rotule, à un travers de doigt à droite de la crête du tibia.

– *Le 21 Rein :* ce point, que les Chinois nomment *You Men*, se trouve sur l'abdomen, sur la ligne médiane. Il est situé juste à un travers de doigt en dessous de la base du sternum.

– *Le 6 Maître du Cœur :* cette « Barrière interne », ce qui s'exprime en chinois par *Nei Guan*, se situe sur la face interne de l'avant-bras. Tracez une ligne au milieu du poignet et comptez deux travers de doigt sur cette ligne, au-dessus du premier pli de flexion.

– *Le 10 Vaisseau Conception :* les Chinois nomment *Xia Wan* (soit « Estomac inférieur ») ce point qui se situe sur la ligne médiane de l'abdomen, à trois travers de doigt au-dessus du nombril.

– *Le 13 Foie :* ce point, appelé *Zhang Men* (« Porte des manifestations »), se situe sur le flanc, juste à l'extrémité de la onzième côte (qui se trouve être la première côte flottante). Pour le trouver plus facilement, il faut se coucher sur le côté opposé et lever le bras.

– *Le 4 Rate :* ce point porte le nom charmant de *Gong Sun*, ce qui signifie « Grand-père et petits-enfants ». Ce point est celui de l'union entre la Rate et l'Estomac, les deux viscères liés à l'élément Terre. Il se trouve sur la face interne du pied, dans le creux qui se forme en dessous de la base du premier os métatarsien.

Les plantes médicinales

Le mélange que l'on prescrit le plus souvent pour soulager ces symptômes digestifs est fait, dans la tradition chinoise, de *Crataegus pinnatifada, Shen Qu, Pinellia ternata, Poria cocos, Citrus tangerina, Forsythia suspensa* et *Raphanus sativus.* La médecine occidentale peut les remplacer par le genévrier, la fumeterre, le tilleul et la mélisse.

– *Le genévrier :* de saveur douce, cette plante très aromatique disperse l'énergie de la Rate. La tradition occidentale le recommande pour tonifier et donner de l'appétit. Cette plante se consomme en infusion, à raison de 10 g de baies pour un gros bol d'eau bouillante, à laisser infuser dix minutes avant de filtrer. Vous pouvez en boire jusqu'à trois tasses par jour.

– *La fumeterre :* de saveur à la fois acide, amère et salée, cette plante régularise la circulation de l'énergie dans les méridiens de la Rate et du Foie. Dans les siècles passés, on l'utilisait en Occident pour soigner ce qu'on appelait les « maladies de pléthore », c'est-à-dire les maux occasionnés par une alimentation trop lourde et trop riche. Pour préparer une infusion, comptez 10 g de sommités fleuries séchées pour un gros bol d'eau bouillante, laissez infuser dix minutes avant de filtrer.

– *Le tilleul :* voilà une plante aux multiples vertus ! Dans la pharmacopée occidentale, on l'utilise pour ses vertus apaisantes, mais aussi digestives. En énergétique chinoise, le tilleul possède une saveur douce propre à disperser l'énergie dans les méridiens Rate/Pancréas et Estomac, permettant ainsi une stimulation indirecte dans le méridien du Foie. Pour cela, il suffit d'utiliser les fleurs séchées en décoction (et non l'aubier). Faites bouillir pendant dix minutes 50 g de fleurs séchées dans un litre d'eau, puis laissez infuser dix minutes avant de filtrer. Buvez-en deux ou trois tasses par jour.

– *La mélisse* : voilà encore une plante qui apaise, dans l'organisme, l'énergie de l'élément Terre (celle de la Rate) grâce à sa saveur à la fois douce et amère. Vous pouvez utiliser l'huile essentielle de mélisse pour masser les points énergétiques les plus facilement localisables. Comme cette huile essentielle n'est pas irritante pour la peau, vous pouvez l'utiliser pure, à raison d'une goutte sur le bout du doigt pour stimuler manuellement un point.

La diététique énergétique

Plusieurs saveurs complémentaires sont importantes pour rééquilibrer l'énergie dont la stagnation provoque les symptômes digestifs. D'abord, pour tonifier l'énergie du Foie, il faut mettre au menu des aliments à saveur douce, comme de nombreux légumes (aubergine, carotte, asperge, champignons, chou, haricot vert, pomme de terre...), certains fruits (grenade, melon, poire, papaye...) et certains produits animaux (œufs, laitages, viande de bœuf ou d'agneau...). Dans le même temps, pour disperser l'énergie de la Rate, vous devrez ajouter des aliments de saveur salée, comme les coquillages et les crustacés, le jambon, l'avoine, l'orge...

Comment soigner une dyspepsie par dysharmonie entre le Foie et la Rate ?

Il s'agit ici à la fois d'harmoniser l'énergie du Foie et de tonifier celle de la Rate.

Les points à traiter

Voici les principaux points que piquerait un acupuncteur pour soulager les symptômes liés à ce type de dyspepsie. *(voir les dessins correspondants page 207)*

– *Le 3 Foie :* ce *Tai Chong* (en français « Grand Carrefour ») se trouve sur le dessus du pied, à l'aplomb de l'espace compris entre les deux premiers orteils, dans le creux qui se forme à la jonction des deux premiers métatarsiens.

– *Le 12 Vaisseau Conception :* ce point, appelé *Zhong Wan* (« Estomac central »), se trouve sur l'abdomen, à quatre travers de doigt au-dessus du nombril, sur la ligne médiane.

– *Le 36 Estomac :* les Chinois le nomment *Zu San Li,* ce qui signifie « Trois Li du pied ». Il est situé sur le genou. Pour le trouver, tendez la jambe. Le point se trouve sous le bord externe de la rotule, à un travers de doigt à droite de la crête du tibia.

– *Le 20 Vessie :* ce point, nommé traditionnellement *Pi Shu* (« *Shu* de la Rate »), se situe dans le dos. Il est juste sous l'apophyse épineuse de la onzième vertèbre dorsale, à deux travers de doigt de part et d'autre de la ligne médiane.

– *Le 1 Rate :* ce point répond au nom étrange de *Yin Bai*, ce qui signifie « Blanc caché ». Il est situé sur le bord interne du pied, au niveau du gros orteil, tout près du coin supérieur de l'ongle.

– *Le 13 Foie :* ce point, appelé *Zhang Men* (« Porte des manifestations »), se situe sur le flanc, juste à l'extrémité de la onzième côte (qui se trouve être la première côte flottante). Pour le trouver plus facilement, il faut se coucher sur le côté opposé et lever le bras.

Les plantes médicinales

C'est la préparation baptisée *Tong Xie Yao Fang* qui est la plus utilisée pour soulager ce type de troubles. Il contient notamment *Paronnia lactiflora, Citrus tangerina, Ledebouriella divarifaca*... Ici, nous utilisons plutôt le citron, le carvi et, surtout, l'artichaut.

– *L'artichaut :* c'est la plante maîtresse pour soulager ce type de troubles digestifs. De saveur à la fois amère et acide, il harmonise l'énergie dans le méridien du Foie. En Occident, l'artichaut est utilisé depuis des siècles pour ses vertus digestives, notamment hépatiques. Les artichauts que nous mangeons, crus ou cuits, en vinaigrette, sont les jeunes boutons de fleurs de cette belle plante ornementale, qui se couvre de grosses fleurs mauves aux pétales arachnéens lorsqu'on les laisse éclore. En phytothérapie, ce sont ses fleurs qui sont consommées. La tisane de feuilles d'artichauts est très amère. On la prépare avec une cuillerée à soupe de feuilles séchées pour une grosse tasse d'eau bouillante, en laissant infuser dix minutes avant de filtrer. La posologie moyenne est de deux tasses par jour, avant les repas, sucrées au miel. Si vous trouvez la saveur trop désagréable, vous pouvez remplacer ce remède par des gélules de plante séchée.

– *Le citron :* de saveur à la fois douce et acide, le citron harmonise l'énergie dans les méridiens de la Rate et du Foie. Le fruit du citronnier est considéré comme un tonique hépatique dans la pharmacopée occidentale. Pour améliorer globalement la digestion, notre tradition recommande de mélanger le jus d'un demi-citron à un petit verre d'eau tiède, en le sucrant éventuellement avec un peu de miel.

– *Le carvi :* l'huile essentielle tirée de cette graine aromatique peut être employée pour masser les points énergétiques les plus facilement accessibles. Le carvi est doté d'une saveur douce en énergétique chinoise. Il tonifie ainsi les méridiens de la Rate et de l'Estomac. Vous pouvez utiliser cette huile essentielle par voie externe (la voie orale est réservée à la prescription médicale) en préparant une huile de massage avec cinq gouttes dans une cuillerée à soupe d'huile d'amande douce. Utilisez ensuite une goutte de ce mélange sur le bout du doigt pour masser chaque point.

La diététique énergétique

Pour harmoniser à la fois le Foie et la Rate, impliqués dans un processus complexe de dysharmonie, il faut privilégier la saveur intermédiaire : l'amer. Cette saveur est liée au Feu, élément qui se place, dans la grande roue universelle, entre le Bois (printemps) et la Terre (été indien). La saveur amère n'est pas réservée aux aliments qui en ont le goût. C'est celle de la laitue, de la scarole, de la chicorée, du pissenlit, du céleri, de l'asperge, de l'artichaut, mais aussi du foie d'agneau ou de porc, du café, du thé, de la fleur d'oranger…

LE MAL DE DOS

Il existe de nombreuses formes de mal de dos et il est impossible d'en faire le tour ici. Certaines douleurs sont provoquées par des problèmes de statique vertébrale et demandent à être soignées médicalement. Les douleurs, d'intensité très variable, peuvent être localisées au niveau de la nuque (cervicalgie), du dos lui-même (dorsalgie) ou de la zone lombaire (lombalgie). Ce sont ces dernières que nous abordons ici. La lombalgie chronique se manifeste par une douleur récurrente dans le bas du dos. Celle-ci n'est pas très violente, mais elle ne cède pas facilement aux traitements.

La lombalgie chronique et la médecine chinoise

L'automédication permet de soulager les lombalgies accompagnées d'une sensation de raideur dans la région des lombes. La douleur, sourde, irradie vers le bas des fesses. Elle se réveille souvent lors d'une exposition au froid ou à l'humidité, et elle s'aggrave les jours de pluie. La région lombaire est froide au toucher, et la douleur est atténuée par la chaleur (port de ceinture chauffante, bouillotte, compresses…). Ce type de lombalgie est dû à l'invasion d'une énergie froide et humide dans l'organisme.

Comment soigner la lombalgie chronique par la médecine chinoise ?

Pour chasser la douleur, il va falloir renforcer l'énergie qui circule dans le méridien du Rein, mais aussi éliminer le Froid et l'Humidité qui ont envahi le corps et faire circuler le sang dans le petit bassin.

Les points à stimuler

Voici les principaux points que piquerait un acupuncteur pour soulager ce type de lombalgie. *(voir les dessins correspondants page 207)*

– *Le 23 Vessie :* dans la tradition, on l'appelle *Shen Shu,* ce qui veut dire « *Shu* des Reins ». Ce point se trouve dans le dos. Pour le localiser, on cherche l'apophyse épineuse de la deuxième vertèbre lombaire, puis on compte deux travers de doigt à droite et à gauche. La position idéale : assis, le dos courbé.

– *Le 25 Vessie :* celui-ci est situé sur le dos. *Da Chang Shu* (soit le « *Shu* du Gros Intestin ») se trouve à la hauteur de l'apophyse de la quatrième vertèbre lombaire, à deux travers de doigt de part et d'autre de la ligne médiane.

– *Le 26 Vessie :* nommé *Guan Yuan Shu* par les Chinois, ce point se trouve au-dessous du précédent, sous l'apophyse épineuse de la cinquième vertèbre lombaire, à deux travers de doigt de part et d'autre de la ligne médiane.

– *Le 32 Vessie :* ce point baptisé *Ci Liao* par les Chinois (ce qui signifie « Deuxième Trou sacré ») est situé précisément dans la dépression qui se forme au niveau du Deuxième Trou sacré. Pour le trouver, il faut être assis, le dos arrondi et penché vers l'avant. En parcourant le sacrum du haut vers le bas, on rencontre, de part et d'autre de la ligne médiane, des petites dépressions. Le Deuxième Trou sacré est la deuxième de ces dépressions.

– *Le 40 Vessie :* son nom original est « Centre du pli », ce qui se dit en chinois *Wei Zhong*. Ce point porte bien son nom, puisqu'il se trouve sur la face arrière du genou, au milieu du pli de flexion de l'articulation (pli poplité).

– *Le 3 Vaisseau Gouverneur :* cette « Barrière des lombes » (en chinois *Yao Yang Guan*) est située, bien sûr, dans le bas du dos. Il se trouve sur la ligne médiane, dans le petit creux qui se forme entre les apophyses épineuses des quatrième et cinquième vertèbres lombaires.

Les plantes médicinales

La médecine chinoise soigne ce type de lombalgie avec un mélange de plantes nommé *Shen Zhao Tang Jia Wei*. Il renferme, entre autres, *Zingiberis exciccata, Atractylodis albae, Cortex eucommiae, Sclerotium poriae…* La phytothérapie occidentale conseille, pour soulager les douleurs articulaires, l'harpagophytum et la prêle. Considérées sous l'angle de la médecine énergétique chinoise, ces plantes peuvent être associées au gingembre.

– *L'harpagophytum :* c'est une plante essentielle dans le traitement des troubles articulaires, qu'il s'agisse de rhumatismes, de lombalgies ou d'autres formes de douleurs. On trouve cette plante conditionnée sous forme d'extrait sec (en gélules) ou d'extrait liquide (en ampoules). La posologie dépend de la teneur du produit en principes actifs. Il faut donc se conformer aux indications figurant sur l'emballage.

– *La prêle :* c'est une plante de saveur à la fois douce, salée et acide. Elle tonifie l'énergie dans le méridien du Rein. La phytothérapie occidentale conseille son usage dans les cas de déminéralisation. La cible est donc identique, même si les modalités sont différentes. Cette plante est très riche en minéraux (calcium, magnésium, potassium...) qui renforcent la structure osseuse. Vous pouvez préparer une tisane de prêle en faisant infuser deux cuillerées à café de plante séchée dans une tasse d'eau bouillante pendant dix minutes. Buvez-en deux tasses par jour.

– *Le gingembre :* le gingembre séché possède une nature énergétique chaude qui contribue à éliminer le Froid et l'Humidité qui ont envahi l'organisme. C'est, en même temps, une plante *yang* de l'élément Eau qui stimule l'énergie dans le méridien du Rein. Vous pouvez ajouter à vos plats de la poudre de gingembre séché, ou la consommer en infusion à raison d'un quart de cuillerée à café pour une tasse d'eau bouillante. Laissez infuser dix minutes et buvez sans filtrer. Enfin, vous pouvez verser une goutte d'huile essentielle de gingembre (pas davantage) sur le bout du doigt pour masser chaque point énergétique facilement localisable. Cette huile essentielle n'est pas irritante pour la peau, vous pouvez donc l'utiliser pure. La phytothérapie occidentale conseille également l'usage de cette essence pour soulager les rhumatismes.

La diététique énergétique

Pour stimuler l'énergie du Rein, vous devez privilégier les aliments de saveur acide : fruits acides (agrumes, fraises, tomates...). Pour chasser le Froid et l'Humidité responsables de la douleur, ajoutez à vos menus des épices de nature chaude (gingembre, poivre noir, piment de Cayenne, cannelle...). De manière plus spécifique, la noix est conseillée pour tonifier le *Qi* des Reins et renforcer la région des lombes. C'est le cas également des rognons de porc. La viande d'agneau et de mouton ainsi que celle du pigeon tonifient directement le *yang* des Reins.

Les maux d'estomac

La médecine occidentale classique appelle « gastralgies » ces douleurs et ces sensations de brûlure qui siègent au niveau de l'épigastre, juste sous le sternum, dans la partie supérieure de l'estomac. Elles peuvent être dues à des facteurs très divers, certains tout à fait banals, d'autres plus sérieux. C'est pourquoi une gastralgie chronique doit amener à consulter. En dehors de toute pathologie grave (ulcères, cancer), ces douleurs sont soignées par l'administration de produits antiacides ou de pansements gastriques.

Les gastralgies et la médecine chinoise

La médecine chinoise distingue deux types de gastralgies. L'une est provoquée par une accumulation de Chaleur dans l'Estomac. L'autre est due, à l'inverse, à une accumulation de Froid dans l'Estomac, assortie d'une mauvaise communication entre le Foie et l'Estomac, deux organes très proches dans la vision anatomique occidentale, mais liés en énergétique chinoise à deux éléments différents : le Foie appartient à l'élément Bois, alors que l'Estomac est l'entraille associée à l'organe Rate/Pancréas et appartient à l'élément Terre.

La gastralgie par accumulation de Chaleur dans l'Estomac

La douleur est très aiguë, accompagnée de régurgitations acides. On a soif de boissons fraîches. On a faim, également, mais, malgré de copieux repas, on a tendance à perdre du poids. La douleur apparaît après les repas qui sont parfois suivis de vomissements. L'haleine est fétide. La gastralgie s'accompagne de troubles de la bouche (aphtes, gingivites, saignements des gencives, stomatite…) et de constipation.

La gastralgie par accumulation de Froid dans l'Estomac

La douleur peut être intermittente ou permanente. Elle est parfois très violente, accompagnée de spasmes. Dans les deux cas, on a l'abdomen froid. La sensation douloureuse est aggravée par le Froid et améliorée par la Chaleur. On n'a pas soif, mais le ventre produit de nombreux borborygmes.

Comment soigner une gastralgie par accumulation de Chaleur ?

Pour faire taire ces symptômes désagréables, il faut rafraîchir l'Estomac en dispersant le Feu.

Les points à traiter

Voici les principaux points que pourrait stimuler un acupuncteur pour ramener de la fraîcheur dans cet Estomac envahi par le Feu. *(voir les dessins correspondants page 207)*

– *Le 25 Estomac :* très facile à repérer, ce point, appelé *Tian Shu* dans la tradition (c'est-à-dire « Pivot céleste »), se trouve sur l'abdomen, à deux travers de doigt de part et d'autre du nombril.

– *Le 12 Vaisseau Conception :* ce point, appelé *Zhong Wan* (« Estomac central »), se trouve sur l'abdomen, à quatre travers de doigt au-dessus du nombril, sur la ligne médiane.

– *Le 36 Estomac :* les Chinois le nomment *Zu San Li,* ce qui signifie « Trois Li du pied ». Il est situé sur le genou. Pour le trouver, tendez la jambe. Le point se trouve sous le bord externe de la rotule, à un travers de doigt à droite de la crête du tibia.

– *Le 6 Maître du Cœur :* cette « Barrière interne », ce qui s'exprime en chinois par *Nei Guan,* se situe sur la face interne de l'avant-bras. Tracez une ligne au milieu du poignet et comptez deux travers de doigt sur cette ligne, au-dessus du premier pli de flexion.

– *Le 43 Estomac et le 44 Estomac :* le premier point, appelé *Nei Ting* (ce qui signifie « Cour intérieure »), est situé sur le dessus du pied, à la jonction entre le deuxième et le troisième orteil, juste au-dessus de la limite de la zone palmée. Le deuxième, *Xian Gu,* se trouve légèrement en arrière du précédent.

Les plantes médicinales

Trois plantes sont particulièrement conseillées dans la pharmacopée chinoise pour soulager ces douleurs gastriques : *Rheum palmatum, Optis sinensis* et *Scutellaria baicalensis.* Dans la tradition occidentale, on peut les remplacer par la guimauve, la mélisse et le citron.

– *La guimauve :* nous avons déjà vu que cette plante, de saveur douce, sait disperser l'énergie. C'est par ce biais qu'elle contribue à évacuer l'excès de Chaleur. Elle soulage tous les symptômes associés à ce type de gastralgie, des douleurs elles-mêmes jusqu'aux symptômes buccaux et à la constipation. La tradition occidentale lui attribue des qualités émollientes et adoucissantes qui la font être conseillée pour les aphtes, les gingivites, les gastrites, la constipation…

Les deux conceptions se rejoignent donc. La tisane de guimauve se prépare en laissant infuser 30 g de feuilles et de fleurs dans 1 litre d'eau bouillante pendant dix minutes.

– *La mélisse :* voilà encore une grande plante médicinale occidentale, que l'on utilise notamment comme antispasmodique et antivomitif. En médecine énergétique chinoise, on lui attribue une saveur douce et amère. Elle disperse ainsi l'énergie dans les méridiens Rate/Pancréas et Estomac. Pour préparer une infusion, comptez une cuillerée à soupe de plante séchée (feuilles et sommités fleuries) pour un gros bol d'eau bouillante, laissez infuser dix minutes avant de filtrer. Buvez-en trois tasses par jour, après les repas.

– *Le citron :* ce fruit, à la saveur à la fois douce et acide, disperse l'énergie dans les méridiens Rate/Pancréas et Estomac. Comme les précédentes, il contribue donc à évacuer l'excès de Chaleur. Vous pouvez boire du jus de citron coupé d'eau tiède. Vous pouvez aussi utiliser l'huile essentielle de citron pour masser les points énergétiques les plus facilement localisables. Dans ce cas, préparez une huile de massage en versant cinq gouttes d'huile essentielle dans une cuillerée à soupe d'huile d'amande douce. N'utilisez qu'une goutte de ce mélange, sur le bout du doigt, pour masser chaque point, car cette essence est irritante.

La diététique énergétique

Évitez la saveur piquante, qui stimule l'énergie de l'élément Feu. Préférez des aliments de saveur amère qui drainent la Chaleur hors du corps : laitue, scarole, chicorée, pissenlit, céleri, asperge, artichaut, foie d'agneau ou de porc, café, thé, fleur d'oranger… Privilégiez aussi les aliments ayant une nature rafraîchissante, comme la banane, le citron, la fraise, les champignons de Paris, les pousses de bambou, la tomate, les escargots, le crabe, le canard, le lapin…

Comment soigner une gastralgie due à un excès de Froid ?

Le processus se situe à l'opposé du précédent : il faut réchauffer l'organisme et disperser le Froid qui perturbe l'énergie dans le méridien de l'Estomac. *(voir les dessins correspondants page 207)*

Les points à traiter

– *Le 4 Vaisseau Conception :* dans la tradition chinoise, ce point se nomme *Guan Yuan*, ce qui signifie « Barrière originelle ». Il se situe sur l'abdomen, sur la ligne médiane, à quatre travers de doigt en dessous du nombril.

– *Le 12 Vaisseau Conception :* ce point, appelé *Zhong Wan* (« Estomac central »), se trouve sur l'abdomen, à quatre travers de doigt au-dessus du nombril, sur la ligne médiane.

– *Le 36 Estomac :* les Chinois le nomment *Zu San Li,* ce qui signifie « Trois Li du pied ». Il est situé sur le genou. Pour le trouver, tendez la jambe. Le point se trouve sous le bord externe de la rotule, à un travers de doigt à droite de la crête du tibia.

– *Le 6 Maître du Cœur :* cette « Barrière interne », ce qui s'exprime en chinois par *Nei Guan,* se situe sur la face interne de l'avant-bras. Tracez une ligne au milieu du poignet et comptez deux travers de doigt sur cette ligne, au-dessus du premier pli de flexion.

– *Le 20 et le 21 Vessie :* le premier, nommé traditionnellement *Pi Shu* (« *Shu* de la Rate »), se situe dans le dos. Il est juste sous l'apophyse épineuse de la onzième vertèbre dorsale, à deux travers de doigt de part et d'autre de la ligne médiane. Le second, *Wei Shu,* se trouve juste en dessous, sous l'apophyse épineuse de la douzième vertèbre dorsale.

Les plantes médicinales

En médecine chinoise, on soigne ce type de symptômes avec un mélange de plantes parmi lesquelles *Magnolia officinalis, Citrus tangerina, Saussurea lappa, Zingiber officinalis, Alpinia kutsadamai...* La pharmacopée occidentale propose de les remplacer par la réglisse, la badiane, la menthe poivrée.

– *La réglisse :* cette plante, bien qu'ayant une saveur douce et une nature froide, tonifie le *Qi* de la Rate et harmonise l'énergie de l'Estomac. Les Chinois, qui l'utilisent grillée et préparée avec du miel, la prescrivent comme stimulant digestif et antalgique des voies digestives. Cette utilisation rejoint la conception occidentale, puisque nos phytothérapeutes la prescrivent pour soulager les douleurs gastriques et calmer les inflammations. Elle se prépare en décoction, à raison de 40 g pour un litre d'eau. Faites bouillir pendant quinze minutes et laissez infuser dix minutes avant de filtrer. Attention cependant si vous êtes sujet à l'hypertension car cette plante a des vertus hypertensives qui la font conseiller aux hypotendus.

– *La badiane :* c'est le nom que l'on donne aux fruits séchés de l'anis étoilé. Dans notre tradition, on la conseille pour soulager les nausées et les douleurs d'estomac. La médecine chinoise lui attribue une saveur piquante, qui tiédit l'organisme et harmonise l'énergie de l'Estomac. En règle générale, elle régularise le *Qi* et chasse le Froid. C'est pourquoi les Chinois, qui la connaissent bien, la préconisent pour soigner les troubles digestifs dus à un excès de Froid dans l'Estomac. Vous pouvez l'utiliser en infusion, à raison de 5 g pour un litre d'eau bouillante, que vous laisserez infuser dix minutes avant de filtrer. N'en buvez pas plus de deux tasses par jour, car la badiane peut s'avérer toxique à trop fortes doses.

– *La menthe poivrée :* cette plante, très courante, possède une saveur piquante qui en fait un réchauffeur de l'organisme. Elle contribue donc à évacuer l'excès de Froid de l'Estomac. La tradition occidentale la conseille pour soulager les troubles digestifs et relancer les digestions paresseuses. Elle est réputée aussi pour ses vertus tonifiantes. Vous pouvez vous préparer une infusion avec une cuillerée à café de plante sèche pour une tasse d'eau bouillante, laissez infuser dix minutes avant de filtrer. Buvez-en deux tasses par jour, après les principaux repas. Vous pouvez aussi utiliser l'huile essentielle de menthe poivrée *(Mentha piperita)* pour masser les points énergétiques. Vous pouvez l'utiliser pure sur la peau, car elle n'est pas irritante. Mais elle produit une impression de froid intense, il ne faut donc pas en mettre plus d'une goutte sur le bout du doigt pour masser les points les plus facilement localisables. Ne massez pas plus de deux ou trois points à la fois.

La diététique énergétique

Privilégiez les aliments de saveur douce (mais pas de goût sucré) et de nature réchauffante. C'est le cas, notamment, des châtaignes, des abricots, des dattes, des grenades, des goyaves, du lait tiède (très efficace), des œufs. Le lait de poule, tiède et très peu sucré, est donc un excellent remède contre les gastralgies dues à un excès de Froid dans l'Estomac !

Les maux de tête

Il existe de très nombreuses variétés de maux de tête, qui diffèrent tant par leur puissance que par leur localisation ou la manière dont ils se manifestent. La douleur peut être pulsante, vrillante, sourde, aiguë… Elle peut atteindre la totalité de la tête ou seulement la moitié (migraine). Elle peut aussi se localiser dans une zone précise : orbites, front, face…

Les céphalées (c'est leur nom officiel) peuvent être le premier signe annonciateur d'une maladie plus grave. Lorsqu'une céphalée est récidivante, voire chronique, il faut consulter un médecin afin d'éliminer toutes les causes médicales sérieuses. Dans la plupart des cas, heureusement, les maux de tête vont et viennent sans avoir de caractère de gravité. Ils sont pourtant, au mieux, désagréables et, au pire, carrément invalidants.

La médecine occidentale les soigne avec des médicaments antalgiques, dont la consommation régulière peut provoquer des effets secondaires, notamment des problèmes digestifs. La médecine chinoise apporte d'autres réponses à ce problème qui touche une large partie de la population, particulièrement les femmes.

Les maux de tête et la médecine chinoise

Pour le médecin chinois, les maux de tête sont traités différemment selon la nature du déséquilibre énergétique qui les a provoqués.

La céphalée par stagnation du sang

Certains maux de tête touchent les femmes pendant leurs règles. Ils commencent le plus souvent en même temps que les règles, parfois ils les devancent légèrement et les « annoncent ». Ces maux de tête liés au cycle menstruel sont dus, avant tout, à une stagnation du sang dans la région pelvienne. Cette stagnation provoque un excès de Chaleur interne, car le sang ne circule pas correctement et sa Chaleur s'échappe, puis s'élève. Cette Chaleur interne se répand dans l'organisme jusqu'à la tête.

La céphalée par pénétration d'un « Vent pervers »

Parfois, le mal de tête démarre très brutalement. La douleur est brusque et intense, mais la crise est de courte durée. On transpire, on se sent presque fiévreux. Ce type de céphalée est parfois lié aux problèmes d'hypertension artérielle, et même lorsque ce n'est pas le cas, il se manifeste de la même manière. En médecine chinoise, on estime que ces maux de tête sont dus à la pénétration dans l'organisme d'un « Vent pervers ».

La céphalée par « Vent pervers » et Humidité

Il arrive que le mal de tête soit annonciateur d'une grippe. Et même lorsque ce n'est pas le cas, il se manifeste de manière similaire : la douleur, intense, est pulsatile ; on a l'impression que les tempes battent et que la tête se dilate au rythme des poussées douloureuses. On a chaud et soif, on a la bouche sèche et la gorge irritée. On craint le froid. Parfois même, on tousse. Ce type de mal de tête est dû, comme le précédent, à la pénétration d'un « Vent pervers » dans l'organisme. Mais, cette fois-ci, il est associé à un excès de Chaleur. On ne transpire pas, mais on a chaud. On peut même avoir de la fièvre. La couche de défense superficielle, constituée par la peau et les poumons, est atteinte. La Chaleur se répand dans le méridien du Poumon et dans la couche superficielle de défense.

La céphalée par vide du yang *des Reins*

C'est une céphalée sourde et tenace. La douleur est d'intensité modérée, mais très régulière. Elle ne varie pas, ne pulse pas. C'est la douleur caractéristique de certaines migraines. Ces céphalées s'accompagnent d'une grande sensation de fatigue. Elles sont soulagées par le sommeil. Ce type de mal de tête est dû à une déficience du *yang* des Reins. Le Rein est la source de l'énergie dans l'organisme. Cette production d'énergie peut se révéler déficiente soit au niveau du *yin*, soit au niveau du *yang*. Dans le premier cas, le sujet peut être atteint d'insuffisance rénale au sens occidental du terme. Dans le second, la personne sentira une baisse générale de son énergie : la Chaleur de son sang s'échappe dans le méridien de la Vessie, ce qui est à l'origine du mal de tête.

Comment soigner les céphalées dues à une stagnation du sang ?

Pour les soulager, il faut activer la circulation du sang dans l'organisme, et tout particulièrement dans la région pelvienne.

Les points à stimuler

Voici les principaux points à stimuler afin de rééquilibrer le déséquilibre énergétique à l'origine du mal de tête. *(voir les dessins correspondants page 207)*

– *Le 10 Rate :* les Chinois ont baptisé ce point *Xue Hai,* ce qui signifie « Mer du sang ». Il est particulièrement indiqué pour activer globalement la circulation du sang. Ce point se situe près du genou, sur la face interne de la cuisse. Pour le trouver, il vaut mieux être debout, la jambe tendue.

Le point se trouve juste au-dessus du coin supérieur interne de la rotule (sur la proéminence du muscle qui s'insère à cet endroit, le muscle vaste interne).

– *Le 34 Vésicule biliaire :* cette « Source de la colline *yang* » se nomme *Yang Ling Quan* en chinois. Il est situé sur la face extérieure de la jambe, dans un petit creux qui se forme légèrement en dessous de la tête du péroné, vers l'avant. Pour le trouver plus facilement, asseyez-vous et pliez votre genou à 90°, le pied bien à plat sur le sol.

– *Le 20 Vaisseau Gouverneur* : son nom est *Bai Hui,* ce qui signifie « Cent Réunions ». Ce point est très souvent utilisé pour rééquilibrer les troubles localisés dans la zone de la tête. Pour le trouver, suivez la ligne qui réunit les deux oreilles, et qui passe sur le sommet du crâne, à deux travers de main au-dessus de la limite antérieure des cheveux. C'est un point que l'on peut stimuler soi-même.

– *Le 8 Vésicule biliaire :* il se nomme traditionnellement *Shuai Gu,* ce qui signifie « Vallée qui dirige ». Il se situe sur le côté du crâne, juste au-dessus du sommet de l'oreille, à environ un travers de doigt. Cette zone bouge légèrement lorsqu'on mastique. C'est un point assez facile à localiser que l'on peut stimuler soi-même.

Les plantes médicinales

Dans la pharmacopée traditionnelle chinoise, on soigne ce type de maux de tête avec un mélange de plantes dans lequel on trouve, entre autres, *Angelica sinensis, Poria cocos, Semen persicae, Catharmus tinctorius, Caesalpinia sappan…*

En médecine occidentale, on peut remplacer ces plantes par de l'anémone pulsatile, de l'alchémille, du gattilier et de la marjolaine.

– *L'anémone pulsatile :* c'est une plante de saveur acide et amère. Elle disperse l'énergie sur les méridiens du Foie et de la Vésicule biliaire, qui sont tous deux impliqués dans ce type de céphalée. Si vous trouvez de la plante entière sèche, vous pouvez la prendre en tisane à raison de 5 g pour un litre d'eau bouillante en laissant infuser dix minutes avant de filtrer. Buvez-en trois tasses par jour au maximum (n'augmentez pas les doses). On trouve aussi cette plante en extrait liquide à prendre sous forme de gouttes. La posologie dépend alors de la concentration. Il faut se conformer aux conseils figurant sur l'emballage.

– *L'alchémille :* comme la précédente, cette plante de saveur acide sait disperser l'énergie du Foie et de la Vésicule biliaire. La tradition occidentale la conseille pour soulager les troubles des règles. Sa nature énergétique en médecine chinoise la fait prescrire pour soulager ces mêmes troubles et les maux de tête qui les accompagnent. En tisane, comptez une cuillerée à soupe pour un gros bol d'eau bouillante, laissez infuser dix minutes, puis filtrez et buvez-en deux fois par jour, de préférence loin des repas.

– *Le gattilier :* de nature douce et fraîche, il est lié à la fois à l'élément Bois et à l'élément Feu. Il disperse l'excès d'énergie au niveau du système nerveux sympathique. La tradition occidentale le conseille pour soulager la tension nerveuse, l'angoisse, l'insomnie, mais aussi les douleurs des règles. Rien d'étonnant, donc, à ce qu'en médecine chinoise, il soit conseillé pour soulager les maux de tête liés aux troubles des règles. En infusion, comptez une cuillerée à soupe de plante sèche pour une tasse d'eau bouillante, laissez infuser dix minutes puis buvez-en trois fois par jour. On trouve aussi du gattilier en extrait liquide. La posologie dépend alors de la concentration en principes actifs. Suivez les conseils inscrits sur l'emballage.

– *La marjolaine :* de saveur douce, amère et acide, cette plante disperse l'énergie à la fois dans le méridien du Cœur, et dans ceux du Foie et de la Vésicule biliaire. Cette plante contient une huile essentielle puissante, qui offre l'avantage de n'être pas irritante pour la peau. Vous pouvez donc l'utiliser pour stimuler manuellement les points d'acupuncture que vous pouvez localiser facilement vous-même. Mettez directement une goutte d'huile essentielle de marjolaine sur le bout de votre doigt et massez fermement le point plusieurs fois par jour, notamment au moment des crises.

La diététique énergétique

Pour soulager ce type de maux de tête, il faut avant tout évacuer l'excès de Chaleur, donc disperser l'énergie sur les méridiens du Foie et de la Vésicule biliaire. La saveur acide est particulièrement indiquée : outre les aliments qui sont vraiment acides sur la langue, vous pouvez manger du poulet, des prunes, des tomates, des abricots, des agrumes… Les épinards, bien qu'ayant une saveur douce, dispersent globalement la Chaleur et stimulent la circulation des liquides. Les graines de tournesol rafraîchissent le sang. La carpe, qui n'est pas couramment consommée chez nous, est particulièrement conseillée par les médecins chinois car elle disperse l'excès de Chaleur dans le haut du corps.

Comment soigner les céphalées dues à la pénétration d'un « Vent pervers » ?

Pour les soulager, il faut avant tout « libérer la surface » afin de « chasser le Vent pervers » qui est à l'origine de la douleur. Cela signifie qu'il faut faciliter l'évacuation de l'énergie délétère qui a provoqué le mal de tête.

Les points à stimuler

Voici les principaux points que vous pouvez tonifier pour relancer l'énergie défaillante qui est à l'origine de ces maux de tête bien particuliers. *(voir les dessins correspondants page 207)*

– *Le 20 Vésicule biliaire* : les Chinois nomment ce point *Feng Chi*, ce qui signifie « Étang du vent ». Il est réputé disperser les Vents externes et internes. Il se situe sur la nuque, à la base du crâne. De part et d'autre de la ligne médiane, on peut sentir un renflement. Le point se situe à un travers de doigt de ces bosses, vers l'extérieur.

– *Le 16 Vaisseau Gouverneur :* ce point se nomme *Feng Fu* dans la terminologie traditionnelle. Il se situe à la base du crâne, sur la ligne médiane, à un travers de doigt au-dessus de la ligne qui délimite le cuir chevelu, dans le creux qui se forme juste en dessous de la bosse de l'occiput.

– *Le 14 Vaisseau Gouverneur :* les Chinois le nomment *Da Zhui*, ce qui signifie « Grande Vertèbre ». Ce point est situé sur la colonne vertébrale, dans le creux qui se forme juste en dessous de l'apophyse épineuse de la septième vertèbre cervicale.

– *Le 3 Intestin grêle :* nommé *Hou Xi*, ce qui signifie « Ravin de l'arrière », ce point est situé sur la main, plus précisément sur son bord externe. Pour le trouver, il suffit de fermer le poing. Une ligne palmaire se dessine (celle que l'on nomme traditionnellement « ligne du cœur »). Le point se situe à l'extrémité de cette ligne.

– *Le 4 Gros Intestin :* ce point se nomme *He Gu*, ce qui signifie « Vallée de la jonction ». C'est un point très facile à situer. Il suffit d'écarter le pouce et l'index : le point se trouve sur le dessus de la main, au fond de la fourchette osseuse qui se forme ainsi.

Les plantes médicinales

En Chine, on utilise fréquemment, pour soulager ce type de céphalées, un mélange de plantes parmi lesquelles figurent *Cinnamomum cassia* (la cannelle de Chine), *Zingiber officinale* (le gingembre), mais aussi *Paeonia lactiflora* ou *Gui Zhi Tang*. Certaines de ces plantes sont disponibles en Europe, d'autres peuvent être remplacées par des plantes occidentales dont la signature énergétique est proche.

– *La cannelle :* cette plante, de saveur douce, tonifie l'énergie dans les méridiens du Poumon et du Gros Intestin. Elle complète l'action directe sur les points d'acupuncture. En médecine occidentale, on la considère avant tout comme une plante tonifiante, mais on lui connaît aussi des vertus hypotensives. Vous pouvez bénéficier de ses vertus en l'utilisant dans la cuisine (elle se marie bien avec les viandes blanches, les mélanges de légumes, les salades de fruits, les compotes, les crèmes desserts…). Vous pouvez aussi utiliser l'huile essentielle de cannelle. Mais, attention, elle est d'un maniement délicat. Évitez la voie orale en dehors d'une prescription médicale sérieuse. Sur la peau, elle est irritante. Préparez un mélange en versant cinq gouttes d'huile essentielle de cannelle dans une cuillerée à soupe d'huile d'amande douce, puis utilisez quelques gouttes de cette préparation pour masser les points énergétiques faciles à localiser.

– *Le gingembre :* c'est aussi une plante utilisée en Occident pour ses vertus stimulantes. On trouve du gingembre frais, à utiliser en cuisine ou pour préparer des boissons. On trouve aussi du gingembre sec moulu (pour la cuisine) ou des extraits liquides en ampoules (pour un usage thérapeutique). La racine de gingembre frais s'emploie en cuisine, généralement râpée. Vous pouvez aussi l'utiliser pour préparer des infusions, à raison d'une cuillerée à café pour une tasse d'eau bouillante, que vous laissez infuser dix minutes avant de filtrer. Enfin, vous pouvez verser une goutte d'huile essentielle de gingembre (pas davantage) sur les points énergétiques et masser avec le bout du doigt.

– *Le ginseng :* cette plante, aux effets stimulants puissants, fait aujourd'hui partie de notre pharmacopée. Elle renforce la résistance aux maladies et stimule l'immunité. On trouve le ginseng soit sous forme d'extrait sec conditionné en gélules, soit sous forme d'extrait liquide conditionné en ampoules. La posologie dépend de la concentration en principes actifs. Il faut donc se conformer aux conseils figurant sur l'emballage du produit que vous consommez.

– *L'éleuthérocoque :* voilà encore une plante stimulante, couramment utilisée en Sibérie pour combattre toutes les formes de fatigue. Elle stimule aussi l'énergie et permet ainsi de lutter contre le « Vent pervers » qui est à l'origine de ce type de mal de tête. Comme la précédente, on la trouve sous forme d'extrait sec ou liquide. La forme galénique la plus efficace semble l'extrait alcoolique (teinture-mère ou alcoolat) car certains de ses principes actifs ne sont solubles que dans l'alcool.

La diététique énergétique

Le « Vent pervers » qui occasionne ce type de maux de tête pénètre dans l'organisme à la faveur d'un vide de *yang* dans l'énergie de l'Eau. Pour tonifier l'élément Eau dans l'organisme, il faut donc favoriser les aliments ayant une saveur amère. C'est le cas des asperges, du céleri, de la chicorée... Vous pouvez aussi boire du thé plusieurs fois dans la journée, car cette plante, autant alimentaire que médicinale, possède une saveur amère. Pour tonifier globalement l'énergie, associez ces aliments spécifiques à d'autres ayant une nature tiède ou chaude : viande d'agneau, fruits secs...

Comment soigner les céphalées de type « Vent et Chaleur » ?

Il s'agit, ici encore, de « libérer la surface ». Mais, cette fois-ci, le but de l'opération est d'amener le patient à transpirer, afin qu'il puisse évacuer l'excès de Chaleur qui est à l'origine du mal de tête. Cet excès de Chaleur se situe principalement dans le méridien du Poumon et du Gros Intestin.

Les points à stimuler

Voici les principaux points qu'il faut traiter pour rétablir l'équilibre énergétique. Certains sont spécifiques, d'autres sont communs à d'autres types de maux de tête. *(voir les dessins correspondants page 207)*

– *Le 20 Vésicule biliaire* : les Chinois nomment ce point *Feng Chi*, ce qui signifie « Étang du Vent ». Il est réputé disperser les Vents externes et internes. Il se situe sur la nuque, à la base du crâne. De part et d'autre de la ligne médiane, on peut sentir un renflement. Le point se situe à un travers de doigt de ces bosses, vers l'extérieur.

– *Le 4 Gros Intestin :* ce point se nomme *He Gu*, ce qui signifie « Vallée de la jonction ». C'est un point très facile à situer. Il suffit d'écarter le pouce et l'index : le point se trouve sur le dessus de la main, au fond de la fourchette osseuse qui se forme ainsi.

– *Le 13 Vaisseau Gouverneur :* ce point, que les Chinois nomment *Tao Dao*, se trouve dans le dos. Il est situé sur la ligne médiane, juste sous l'apophyse épineuse de la première vertèbre dorsale. C'est un point réservé au geste de l'acupuncteur.

– *Le 7 Poumon :* ce point possède un nom très évocateur, *Lie Que*, ce qui signifie « Ordre rompu ». Il est situé sur le côté de l'avant-bras, dans le prolongement du pouce, au-dessus de l'apophyse styloïde radiale. Pour le trouver, vous pouvez compter deux travers de doigt au-dessus du pli de flexion du poignet. Un autre système très efficace : écartez vos pouces et vos index et croisez vos mains de manière à ce que l'index d'une main se pose sur l'autre poignet ; le point se trouve à l'endroit précis où se pose le bout du doigt.

Les plantes médicinales

Parmi les plantes couramment utilisées en médecine chinoise pour soulager ces maux de tête, citons *Prunus armeniaca, Morus alba, Forsythia suspensa, Platycodon grandiflorus*... La médecine occidentale les remplace volontiers par le marrube blanc, l'eucalyptus et l'aigremoine.

– *Le marrube blanc :* cette plante possède une saveur énergétique amère. Elle disperse l'énergie dans le méridien du Poumon. Elle possède, effectivement, un goût très amer qui rend les infusions désagréables. Préférez les extraits secs ou liquides. La posologie dépendant alors de la concentration en principes actifs, il faut se conformer aux indications figurant sur l'emballage du produit que vous consommez.

– *L'eucalyptus :* cette plante, à la saveur énergétique amère, a la faculté de disperser l'énergie dans de nombreux méridiens (Cœur, Estomac, Rein, Vessie, Intestin grêle, Poumon, Gros Intestin). Elle aide ainsi à évacuer l'excès de Chaleur qui provoque les maux de tête. Vous pouvez l'utiliser en infusion, à raison de cinq feuilles pour une tasse d'eau bouillante, à laisser infuser dix minutes avant de filtrer. Vous pouvez aussi utiliser l'huile essentielle d'eucalyptus pour stimuler certains points énergétiques simples à localiser. Dans ce cas, veillez à vous procurer de l'huile essentielle des variétés *Eucalyptus radiata* ou *Eucalyptus globulus*, qui ne présentent aucun risque de toxicité (excepté pour les très jeunes enfants). N'utilisez pas plus d'une goutte d'huile essentielle, sur le bout du doigt, pour masser un point.

– *L'aigremoine :* bien que de saveur acide, cette plante disperse également l'énergie dans les méridiens de l'Estomac, de la Rate, du Poumon et du Gros Intestin. Elle complète donc parfaitement les précédentes. Elle s'utilise en décoction légère : faites bouillir 30 g de fleurs et feuilles séchées dans un litre d'eau pendant une minute, puis laissez infuser dix minutes avant de filtrer. Buvez-en trois tasses par jour.

La diététique énergétique

Puisqu'il s'agit de disperser l'excès de Chaleur dans l'organisme et, notamment, dans le méridien du Poumon, il faudra privilégier les aliments de saveur piquante. Ce sont notamment le céleri, le fenouil, l'oignon, l'ail, le radis... Pensez aux aromates qui ont souvent une saveur piquante : la ciboulette, l'aneth, la noix de muscade, le poivre, le piment de Cayenne, l'origan, la menthe... Côté fruits, on peut citer le kumquat et la pistache. Pour ce qui est des viandes, évitez celles qui ont une nature tiède ou chaude (bœuf, agneau, mouton) et privilégiez celles qui ont une nature fraîche propre à tonifier le *yin* (lapin, canard).

Comment soigner les céphalées dues à un vide du *yang* des Reins ?

Pour soulager ce type de maux de tête, il faut avant tout tonifier et réchauffer le *yang* des Reins, car l'énergie est insuffisante dans ce méridien.

Les points à stimuler

Voici les principaux points qu'un acupuncteur peut tonifier pour stimuler l'énergie *yang* dans le méridien du Rein. *(voir les dessins correspondants page 207)*

– *Le 23 Vessie :* dans la tradition, on l'appelle *Shen Shu,* ce qui veut dire « *Shu* des Reins ». Ce point, situé sur le méridien de la Vessie, se trouve dans le dos. Pour le localiser, on cherche l'apophyse épineuse de la deuxième vertèbre lombaire, puis on compte deux travers de doigt à droite et à gauche. La position idéale : assis, le dos courbé.

– *Le 14 Vaisseau Gouverneur :* les Chinois le nomment *Da Zhui*, ce qui signifie « Grande Vertèbre ». Ce point est situé sur la colonne vertébrale, dans le creux qui se forme juste en dessous de l'apophyse épineuse de la septième vertèbre cervicale.

– *Le 4 Vaisseau Conception :* dans la tradition chinoise, ce point se nomme *Guan Yuan*, ce qui signifie « Barrière originelle ». Il se situe sur l'abdomen, sur la ligne médiane, à quatre travers de doigt en dessous du nombril.

– *Le 6 Vaisseau Conception :* ce point, baptisé *Qi Hai*, c'est-à-dire « Mer du *Qi* », est situé juste au-dessus du précédent. Il est donc également sur la ligne médiane de l'abdomen, mais seulement deux travers de doigt sous le nombril.

– *Le 7 Rein :* si les Chinois ont baptisé ce point *Fu Lui,* ce qui signifie « Renouveler le courant », c'est qu'il permet de relancer l'énergie dans le méridien du Rein. Ce point est situé sur la face intérieure de la jambe, à trois travers de doigt au-dessus de la malléole interne.

Les plantes médicinales

Pour tonifier le *yang* des Reins et soulager les maux de tête qui découlent de sa faiblesse, les médecins chinois prescrivent fréquemment un mélange de plantes contenant *Cornus officinalis, Aconitum carmichaelii, Dioscorea opposita* ou *Alisma plantago aquatica.* Pour obtenir les mêmes effets, en Occident, on conseille plutôt le chardon roland, le girofle et la lavande.

– *Le chardon roland :* cette plante tonifie l'énergie dans les méridiens du Rein et de la Vessie. La pharmacopée traditionnelle occidentale utilise la racine de cette plante en décoction. Comptez trois cuillerées à soupe de racine séchée pour un litre d'eau froide, faites bouillir pendant cinq minutes puis laissez infuser pendant dix minutes. Buvez-en trois ou quatre tasses par jour.

– *Le girofle :* cette plante relance également l'énergie du Rein grâce à sa saveur énergétique amère. En tisane, comptez une cuillerée à café de clous pour un bol d'eau bouillante, laissez infuser dix minutes, puis filtrez et buvez nature ou sucré avec un peu de miel. Ne dépassez pas trois tasses par jour. Vous pouvez aussi utiliser l'huile essentielle de girofle pour masser les points énergétiques les plus faciles à localiser. Dans ce cas, veillez à la mélanger à une huile de base car elle est irritante. Versez cinq gouttes d'huile essentielle dans une cuillerée à soupe d'huile d'amande douce, puis conservez ce mélange dans une bouteille opaque à l'abri de la chaleur. Massez les points avec ce mélange matin et soir.

– *La lavande :* cette plante, de saveur amère, tonifie l'énergie dans tous les méridiens, notamment ceux du Rein et de la Vessie. C'est une plante pratique et facile à utiliser. En infusion, comptez 20 g de fleurs séchées pour un litre d'eau bouillante, laissez infuser dix minutes avant de filtrer. Buvez-en trois tasses par jour, à distance des repas. Vous pouvez également l'utiliser pour masser les points énergétiques les plus faciles à localiser. L'huile essentielle de lavande n'est pas irritante, vous pouvez donc l'utiliser pure, directement sur la peau. Choisissez de préférence la variété *Lavandula officinalis.*

La diététique énergétique

Pour tonifier l'énergie du Rein, il faut privilégier la saveur amère : asperge, chicorée, endive, céleri... Consommez aussi des aliments de nature chaude ou tiède, qui stimulent globalement l'énergie. Parmi les viandes, mangez plutôt de l'agneau, du bœuf, du poulet. Les coquillages et les crustacés (moules, crevettes...) sont également conseillés. Pensez aux aromates (ail, ciboulette, aneth, badiane...), aux fruits de nature tiède (abricot, datte, goyave, litchi, pêche...) et aux fruits secs.

La toux

La toux n'est pas une maladie à proprement parler, mais plutôt un symptôme qui peut être associé à divers troubles. Pour la médecine occidentale, elle peut être d'origine allergique, infectieuse, irritative... Elle accompagne des maladies aussi diverses que la bronchite, la grippe, la laryngite... On distingue deux grands types de toux : la toux grasse, qui permet l'évacuation des mucosités encombrant les bronches, et la toux sèche qui provient d'une irritation de la gorge et du pharynx. Dans tous les cas, la toux est fatigante et perturbe le sommeil. Les médicaments antitussifs, qui atténuent le réflexe produisant cette expiration forcée et saccadée, sont réservés aux toux sèches. Mais il faut respecter les toux grasses qui ont une grande utilité. Une toux rebelle peut cacher une maladie sérieuse. Devant une toux qui ne cède pas aux traitements courants, mieux vaut consulter un médecin afin de procéder à quelques examens médicaux.

La toux et la médecine chinoise

La médecine chinoise envisage la toux d'une manière totalement différente. Comme pour tous les autres troubles, elle cherche d'abord à savoir quel type de déséquilibre énergétique lui a permis de s'installer. On distingue quatre grands types de toux.

La toux par excès de Chaleur dans le Poumon

Cette toux ressemble à celle provoquée par l'asthme. La respiration est sifflante, bruyante. La gorge est douloureuse. La toux permet d'évacuer des mucosités jaunes et épaisses. On est fiévreux et on a soif. L'évacuation des déchets est ralentie : constipation, urines rares. Ce type de toux est provoqué par un excès de Chaleur qui obstrue le Poumon et envahit la surface du corps. En temps normal, le Poumon est humidifié par des sécrétions naturelles. L'excès de Chaleur les assèche et les transforme en glaire. Le Poumon, encombré, ne peut plus remplir son rôle de distributeur d'énergie.

La toux par attaque de Vent froid

Cette toux permet d'évacuer des crachats blancs, peu épais. On a la gorge irritée. La respiration est haletante. Le nez est souvent bouché, parfois il coule clair. La gorge est irritée. La fièvre provoque des courbatures, mais on ne transpire pas. On craint le froid. Ce type de toux est dû à une attaque de Vent froid sur le Poumon. Ce Vent atteint la première couche de défense. Cette toux est consécutive au classique « coup de froid ».

La toux par vide de Qi *du Poumon*

C'est une toux d'irritation, sèche, qui ressemble à celle de l'asthme. On se sent très fatigué, apathique, on a le souffle court et l'essoufflement survient au moindre effort. Même la voix est faible. On transpire beaucoup, de manière spontanée. On a le visage blême et on craint le froid. Ce type de toux signale simplement un vide de *Qi* du Poumon.

La toux par vide de yin *du Poumon*

C'est une toux sèche, peu productive. La respiration est rapide. On a la gorge et la bouche sèches. L'enrouement peut aller jusqu'à l'aphonie. La fièvre commence à monter en fin d'après-midi, le soir on a les joues rouges, la nuit on transpire, on a les mains et les pieds chauds. Ces symptômes sont ceux de la tuberculose. Si vous vous reconnaissez dans ce portrait, un examen médical sérieux peut être nécessaire.

Comment soigner une toux par excès de Chaleur dans le Poumon ?

Le but du traitement sera, avant tout, de rafraîchir le Poumon. C'est ce qui permettra de calmer la toux et d'apaiser la respiration.

Les points à stimuler

Voici les principaux points que peut piquer un acupuncteur pour venir à bout de ce type de toux. *(voir les dessins correspondants page 207)*

– *Le 4 Gros Intestin :* ce point se nomme *He Gu*, ce qui signifie « Vallée de la jonction ». C'est un point très facile à situer. Il suffit d'écarter le pouce et l'index : le point se trouve sur le dessus de la main, au fond de la fourchette osseuse qui se forme lorsqu'on place la main dans cette position.

– *Le 7 Poumon :* ce point possède un nom très évocateur, *Lie Que*, ce qui signifie « Ordre rompu ». Il est situé sur le côté de l'avant-bras, dans le prolongement du pouce, au-dessus de l'apophyse styloïde radiale. Pour le trouver, vous pouvez compter deux travers de doigt au-dessus du pli de flexion du poignet. Un autre système très efficace : écartez vos pouces et vos index et croisez vos mains de manière à ce que l'index d'une main se pose sur l'autre poignet ; le point se trouve à l'endroit précis où se pose le bout du doigt.

– *Le 40 Estomac :* ce point répond à l'appellation originale de *Feng Long*, ce qui signifie « Abondance et prospérité ». Il est situé sur l'avant de la jambe, légèrement vers l'extérieur. Tracez une ligne qui suit l'arête du péroné, depuis l'articulation du genou jusqu'à la cheville. Le point se trouve au milieu de cette ligne.

– *Le 13 Vessie :* c'est un point très important pour régulariser l'énergie du Poumon. Son nom même l'exprime, car il s'appelle *Fei Shu*, ce qui signifie « *Shu* du Poumon ». Il est situé dans le dos, juste sous l'apophyse épineuse de la troisième vertèbre dorsale, à deux travers de doigt de part et d'autre de la ligne médiane.

– *Le 22 Vaisseau Conception :* les Chinois nomment « Cheminée céleste » *(Tian Tu)*, ce point essentiel pour régulariser la respiration. Il est situé sur le haut de la cage thoracique, à la base du cou, dans le creux qui se forme à un travers de doigt au-dessus de la fourchette sternale.

Les plantes médicinales

Pour soulager ce type de toux, la médecine chinoise préconise l'usage d'un mélange de plantes appelé *San Ju Yin*, qui contient, entre autres, *Morus alba, Chrysantemum morifolium, Prunus armeniaca, Platycodon grandifolius...* La phytothérapie occidentale permet de les remplacer par le marrube blanc, la guimauve et l'eucalyptus.

– *Le marrube blanc :* de saveur amère, cette plante disperse l'énergie dans le méridien du Poumon. Pour la phytothérapie occidentale c'est une plante expectorante, désinfectante des voies pulmonaires, qui fluidifie les sécrétions bronchiques. Cet usage rejoint ainsi celui qu'en font les Chinois, bien que les deux démarches soient différentes. L'infusion de marrube blanc n'est pas agréable au goût, car c'est une plante très amère. Mais elle mérite un petit effort car elle est très efficace. Pour préparer une infusion, faites infuser une cuillerée à soupe de plante séchée dans un gros bol d'eau bouillante pendant dix minutes avant de filtrer. Buvez-en deux bols par jour.

– *La guimauve* : cette plante de saveur douce disperse également l'énergie dans le méridien du Poumon. Associée à la précédente, elle permet de soulager rapidement la toux due à un excès de Chaleur. En Occident, la tradition en recommande l'usage pour calmer l'inflammation des muqueuses, notamment au niveau des voies aériennes. C'est une plante globalement émolliente et adoucissante. La tisane de guimauve se prépare en laissant infuser 30 g de feuilles et de fleurs séchées dans un litre d'eau bouillante pendant dix minutes. Buvez-en trois tasses par jour.

– *L'eucalyptus :* cette plante de saveur amère disperse encore l'énergie dans le méridien du Poumon, ce qui contribue à évacuer la Chaleur en excès. Elle complète donc l'usage des précédentes. La médecine occidentale la considère comme un puissant antiseptique des voies respiratoires. Elle calme la toux. Vous pouvez l'utiliser en inhalations : faites bouillir pendant cinq minutes 15 g de feuilles séchées dans un demi-litre d'eau, puis filtrez et placez votre visage au-dessus de la vapeur qui s'échappe, en vous recouvrant d'une serviette. Respirez les vapeurs chargées des principes actifs de la plante jusqu'à ce que la décoction refroidisse. Vous pouvez aussi utiliser l'huile essentielle d'eucalyptus pour masser les points énergétiques les plus facilement localisables. Choisissez pour cet usage l'huile essentielle de la variété *Eucalyptus radiata.* Comme elle n'est pas irritante pour la peau, vous pouvez l'utiliser pure, à raison d'une goutte sur le bout du doigt pour masser chaque point.

La diététique énergétique

Pour disperser l'énergie en excès dans le méridien du Poumon, privilégiez d'abord la saveur acide. Mangez des fruits acides (agrumes, fraise, tomate, litchi, mais aussi viande de faisan). La saveur piquante amène l'excès d'énergie vers la surface du corps pour l'évacuer. Le pamplemousse, notamment, est considéré par la médecine chinoise comme un aliment antitussif, qui dissout les mucosités et humidifie le Poumon, tout comme le radis. Ajoutez aussi à vos menus du tofu. La pâte de soja a la particularité de clarifier l'énergie du Poumon et d'humidifier cet organe. Et en cas d'excès de Chaleur, il en a bien besoin !

Comment soigner une toux par attaque de Vent froid ?

Le but du traitement est de disperser le Froid et de libérer la surface pour qu'il puisse s'évacuer. C'est ce qui va permettre au Poumon de recommencer à faire circuler normalement l'énergie.

Les points à stimuler

Voici les principaux points que pourrait piquer un acupuncteur pour soulager une toux causée par une attaque de Vent froid. *(voir les dessins correspondants page 207)*

– *Le 4 Gros Intestin :* ce point se nomme *He Gu*, ce qui signifie « Vallée de la jonction ». C'est un point très facile à situer. Il suffit d'écarter le pouce et l'index : le point se trouve sur le dessus de la main, au fond de la fourchette osseuse qui se forme lorsqu'on place la main dans cette position.

– *Le 7 Poumon :* ce point possède un nom très évocateur, *Lie Que*, ce qui signifie « Ordre rompu ». Il est situé sur le côté de l'avant-bras, dans le prolongement du pouce, au-dessus de l'apophyse styloïde radiale. Pour le trouver, vous pouvez compter deux travers de doigt au-dessus du pli de flexion du poignet. Un autre système très efficace : écartez vos pouces et vos index et croisez vos mains de manière à ce que l'index d'une main se pose sur l'autre poignet ; le point se trouve à l'endroit précis où se pose le bout du doigt.

– *Le 13 Vessie :* c'est un point très important pour régulariser l'énergie du Poumon. Son nom même l'exprime, car il s'appelle *Fei Shu*, ce qui signifie « *Shu* du Poumon ». Il est situé dans le dos, juste sous l'apophyse épineuse de la troisième vertèbre dorsale, à deux travers de doigt de part et d'autre de la ligne médiane.

Les plantes médicinales

Dans le mélange traditionnellement prescrit par les Chinois pour soigner ce type de toux, on trouve notamment *Ephedra sinica, Morus alba, Perilla frutescens, Glycyrrhiza uralensis...* Parmi les plantes occidentales capables de les remplacer figurent l'hysope, la réglisse et le thym.

– *L'hysope :* de saveur amère et salée, cette plante tonifie l'énergie dans la plupart des méridiens, notamment celui du Poumon. Elle contribue ainsi à chasser le Vent froid qui assaille cet organe vers la surface. La phytothérapie occidentale la conseille pour calmer la toux et faciliter l'expectoration. Elle apaise l'irritation des bronches et facilite l'expectoration des mucosités. L'hysope se consomme en tisane, à raison d'une cuillerée à café de plante séchée pour une grande tasse d'eau bouillante qu'il faut laisser infuser dix minutes. N'en buvez pas plus de deux tasses par jour.

– *La réglisse :* cette plante, de saveur douce, harmonise l'énergie du Poumon. Elle renforce ainsi cet organe et lui permet de se défendre contre le Vent froid. La phytothérapie occidentale vante ses vertus antitussives. Elle se prépare en décoction, à raison de 10 g pour un gros bol d'eau froide qu'il faut faire bouillir pendant quinze minutes et laisser infuser dix minutes avant de filtrer. Attention cependant si vous êtes sujet à l'hypertension, car cette plante a des vertus hypertensives qui la font conseiller aux hypotendus.

– *Le thym :* c'est une plante de saveur amère, mais elle tonifie l'énergie dans le méridien du Poumon. La phytothérapie occidentale lui reconnaît des vertus astringentes (il diminue les sécrétions des muqueuses) et antiseptiques. Comme l'eucalyptus, vous pouvez l'utiliser en inhalations. Comptez 40 g de plante séchée pour un litre d'eau bouillante, laissez infuser cinq minutes puis placez votre visage au-dessus de l'infusion encore très chaude et respirez la vapeur qui s'en échappe. Vous pouvez aussi utiliser l'huile essentielle de thym pour masser les points énergétiques les plus facilement localisables. Choisissez pour cet usage la variété *Thymus vulgaris linaloliferum* qui n'est pas irritante pour la peau. Vous pouvez en mettre une goutte directement sur le bout du doigt pour masser chaque point.

La diététique énergétique

Une alimentation bien choisie doit pouvoir à la fois disperser l'énergie du Poumon qui est saturée par le Vent froid, et la stimuler car l'attaque qu'il subit le laisse en état de vide. Il faut donc privilégier à la fois la saveur acide (agrumes, tomate, vinaigre...) et la saveur piquante (ail, poivre, piment de Cayenne, gingembre...). La médecine chinoise recommande également la papaye cuite pour soigner la toux accompagnée de mucosités. Le kumquat est particulièrement indiqué car il s'oppose au Vent froid qui agresse le Poumon, tout comme l'abricot.

Comment soigner une toux par vide de *Qi* du Poumon ?

Pour ce type de toux, le but des gestes thérapeutiques est plus simple : il faut seulement tonifier le *Qi* du Poumon, afin de lui permettre de jouer à nouveau son rôle essentiel dans l'équilibre de l'organisme.

Les points à traiter

Voici les principaux points que piquerait un acupuncteur pour tonifier l'énergie du Poumon et soulager la toux qui découle de sa faiblesse. *(voir les dessins correspondants page 207)*

– *Le 36 Estomac :* les Chinois le nomment *Zu San Li,* ce qui signifie « Trois Li du pied ». Il est situé sur le genou. Pour le trouver, tendez la jambe. Le point se trouve sous le bord externe de la rotule, à un travers de doigt à droite de la crête du tibia.

– *Le 13 Vessie :* c'est un point très important pour régulariser l'énergie du Poumon. Son nom même l'exprime, car il s'appelle *Fei Shu*, ce qui signifie « *Shu* du Poumon ». Il est situé dans le dos, juste sous l'apophyse épineuse de la troisième vertèbre dorsale, à deux travers de doigt de part et d'autre de la ligne médiane.

– *Le 2 Rate :* ce point, que les Chinois nomment *Da Du*, se trouve sur le bord externe du gros orteil, juste en dessous de l'articulation qui relie la phalange au métatarse.

– *Le 17 Vaisseau Conception :* c'est un point important pour ouvrir la poitrine et faciliter la respiration. Il se trouve sur le thorax, au centre de la ligne qui relie les deux mamelons.

Les plantes médicinales

Dans le mélange appelé *Si Jun Zi Tang*, couramment prescrit pour soulager ce type de toux, on trouve notamment *Panax ginseng, Poria cocos, Glycyrrhiza uralensis, Atractylodes macrocephala...* La phytothérapie occidentale propose à la place le noyer, l'angélique et la sarriette.

– *Le noyer :* c'est une plante de saveur amère et acide, qui tonifie l'énergie du Poumon. La phytothérapie occidentale l'utilise comme antiseptique des bronches. Pour préparer une infusion, comptez 5 g de feuilles sèches pour un gros bol d'eau bouillante, laissez infuser quinze minutes avant de filtrer. Buvez-en deux tasses par jour.

– *L'angélique :* de saveur acide et douce, elle stimule l'énergie dans plusieurs méridiens majeurs, dont celui du Poumon. Dans la phytothérapie occidentale, l'angélique est utilisée dans le traitement de la bronchite chronique. Les deux usages se rejoignent donc. Vous pouvez consommer l'angélique en tisane, à raison de une cuillerée à dessert de semences pour un gros bol d'eau bouillante. Laissez infuser dix minutes avant de filtrer.

– *La sarriette :* de saveur amère, l'huile essentielle de sarriette stimule la circulation de l'énergie dans plusieurs méridiens, notamment celui du Poumon. Son action complétera celle des plantes précédentes si vous l'utilisez pour masser les points énergétiques les plus facilement localisables. Mais prenez bien soin de la diluer d'abord (cinq gouttes dans une cuillerée à soupe d'huile d'amande douce) car elle est très irritante pour la peau.

La diététique énergétique

Il vous faut vraiment mettre l'accent sur la saveur acide pour tonifier le *Qi* du Poumon qui en a grand besoin. N'hésitez pas à mettre davantage de vinaigre dans vos salades, à manger des agrumes, des tomates, des litchis, des prunes, du faisan… Le champignon de Paris (ou idéalement le rosé des prés, qui est son homologue sauvage) est prescrit en médecine chinoise pour stimuler le *Qi* du Poumon et lutter contre les toux sèches. La pomme est également conseillée, ainsi que la fraise qui est également un remède contre l'aphonie.

Comment soigner une toux par vide de *yin* du Poumon ?

Outre qu'il faut tonifier l'énergie *yin* dans le Poumon, il faut aussi l'humidifier car le vide le met en état de Sécheresse.

Les points à stimuler

Voici les principaux points que piquerait un acupuncteur pour faire taire une toux provoquée par un vide de l'énergie *yin* dans le Poumon. *(voir les dessins correspondants page 207)*

– *Le 7 Poumon :* ce point possède un nom très évocateur, *Lie Que*, ce qui signifie « Ordre rompu ». Il est situé sur le côté de l'avant-bras, dans le prolongement du pouce, au-dessus de l'apophyse styloïde radiale. Pour le trouver, vous pouvez compter deux travers de doigt au-dessus du pli de flexion du poignet. Un autre système très efficace : écartez vos pouces et vos index et croisez vos mains de manière à ce que l'index d'une main se pose sur l'autre poignet ; le point se trouve à l'endroit précis où se pose le bout du doigt.

– *Le 6 Rein :* c'est le *Zhao Hai*, ce qui signifie « Mer brillante ». Ce point est situé sur la face interne du pied, dans le petit creux qui se forme juste en dessous de la pointe de la malléole, à un travers de doigt.

– *Le 13 Vessie :* c'est un point très important pour régulariser l'énergie du Poumon. Son nom même l'exprime, car il s'appelle *Fei Shu*, ce qui signifie « *Shu* du Poumon ». Il est situé dans le dos, juste sous l'apophyse épineuse de la troisième vertèbre dorsale, à deux travers de doigt de part et d'autre de la ligne médiane.

– *Le 1 Poumon :* il se nomme *Zhong Fu.* Ce point est le point de départ du méridien du Poumon. Il se trouve sur le haut du thorax à huit travers de doigt de la ligne médiane, dans l'espace entre la première et la deuxième côte.

Les plantes médicinales

C'est un mélange baptisé *Bai He Gu Jin Tang*, que l'on prescrit en médecine chinoise pour soulager la toux par Vide de yin du Poumon. Il contient notamment *Platycodon grandiflorus, Lilium brownii, Ophiopogon japonicus, Fritillaria cirrhosa...* Dans la phytothérapie occidentale, on utilise plutôt la mauve, le thym et le gingembre.

– *La mauve :* bien que de saveur douce, elle tonifie l'énergie dans le méridien du Poumon. La pharmacopée occidentale la considère comme une plante adoucissante, émolliente et anti-inflammatoire, couramment prescrite pour soulager les inflammations des voies respiratoires. En infusion, comptez une cuillerée à soupe pour une tasse d'eau bouillante, laissez infuser dix minutes avant de filtrer. Buvez-en trois tasses par jour, loin des repas. Vous pouvez aussi, si vous avez mal à la gorge, faire des gargarismes de mauve. Dans ce cas, comptez 50 g de plante pour un litre d'eau froide, faites bouillir deux minutes puis laissez infuser dix minutes avant de filtrer.

– *Le thym :* le thym est doté d'une saveur amère, mais il tonifie l'énergie dans le méridien du Poumon. Pour soulager votre toux, vous pouvez boire des infusions de thym, en comptant 30 g de plante séchée pour un litre d'eau bouillante en laissant infuser dix minutes avant de filtrer. Buvez-en trois ou quatre tasses par jour. Pour ne pas perdre les principes actifs très volatils que contient la plante, mettez un couvercle sur l'infusion pendant qu'elle infuse et récupérez les gouttes de vapeur qui s'y sont condensées : elles sont particulièrement riches.

– *Le gingembre :* de saveur piquante, cette plante à la fois aromatique et médicinale tonifie l'énergie du Poumon. Elle complète l'action des deux précédentes, notamment l'huile essentielle de gingembre que vous pouvez utiliser pour masser les points énergétiques les plus facilement localisables. Versez une goutte d'huile essentielle de gingembre (pas davantage) sur le bout du doigt pour masser chaque point. Cette huile essentielle n'est pas irritante pour la peau, vous pouvez donc l'utiliser pure.

La diététique énergétique

Dans ce cas aussi, il faut avant tout privilégier les aliments de saveur acide : vinaigre, mais aussi agrumes, fraise, tomate, litchi… Si vous aimez les cacahuètes, c'est le moment d'en manger (grillées à sec pour ne pas absorber trop de matières grasses) : cette graine oléagineuse nourrit le Poumon et soigne particulièrement les toux par vide de *yin* dans cet organe. La viande de porc nourrit également le *yin* du Poumon. L'œuf (particulièrement le blanc) humidifie le Poumon, ce qui contribue à soigner la toux sèche, tout comme le miel. N'hésitez pas à sucrer vos tisanes au miel si vous souffrez de ce type de toux.

TABLE DES ILLUSTRATIONS

Localisation des points d'acupuncture *(classés par méridien)*

- **Cœur**

7 Cœur

- **Maître du Cœur**

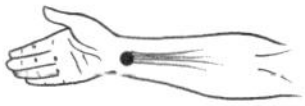

6 Maître du Cœur

8 Maître du Cœur

- **Estomac**

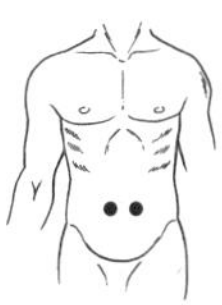

25 Estomac

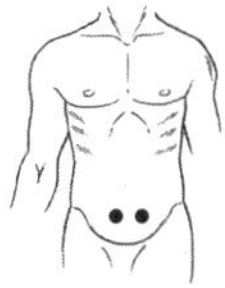

29 Estomac

36 Estomac

37 Estomac

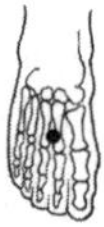
43 Estomac

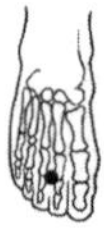
44 Estomac

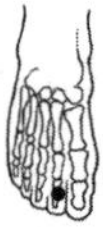
45 Estomac

- **Foie**

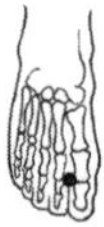
2 Foie

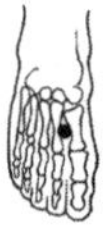
3 Foie

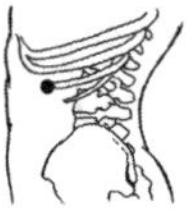
13 Foie

- **Gros Intestin**

4 Gros Intestin

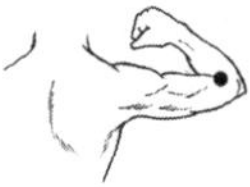
11 Gros Intestin

- **Intestin grêle**

3 Intestin grêle

- **Poumon**

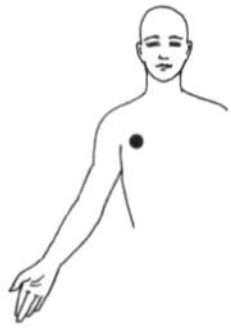
1 Poumon

7 Poumon

10 Poumon

11 Poumon

• Rate

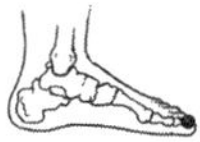

1 Rate

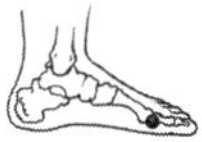

2 Rate

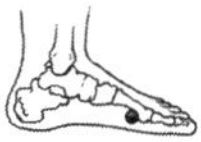

3 Rate

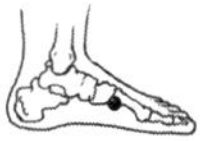

4 Rate

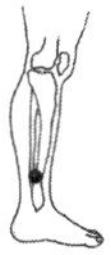

6 Rate

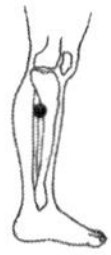

8 Rate

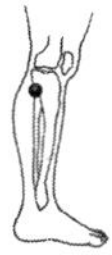

9 Rate

10 Rate

• Rein

1 Rein

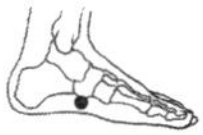

2 Rein

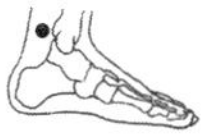

3 Rein

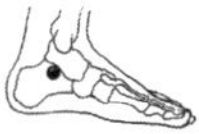

6 Rein

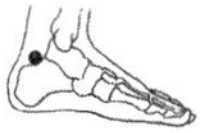

7 Rein

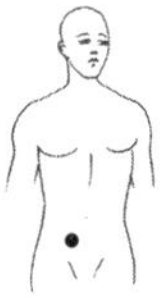

14 Rein

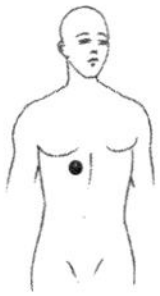

21 Rein

• Triple Réchauffeur

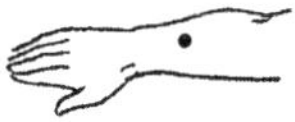

6 Triple Réchauffeur

10 Triple Réchauffeur

14 Triple Réchauffeur

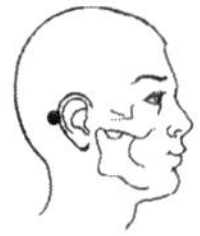

21 Triple Réchauffeur

• Vaisseau Conception

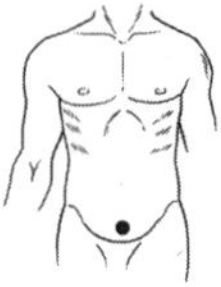
3
Vaisseau
Conception

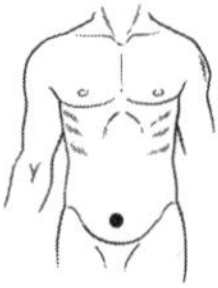
4
Vaisseau
Conception

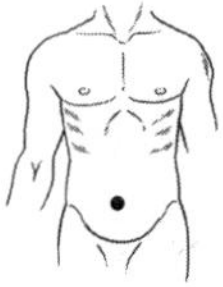
6
Vaisseau
Conception

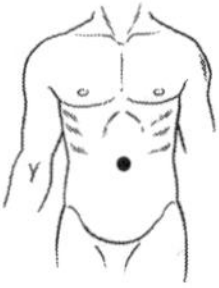
10
Vaisseau
Conception

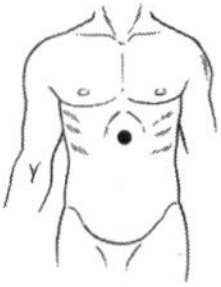
12
Vaisseau
Conception

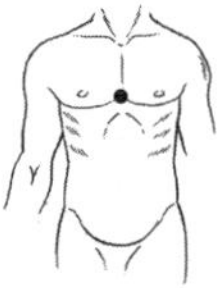
17
Vaisseau
Conception

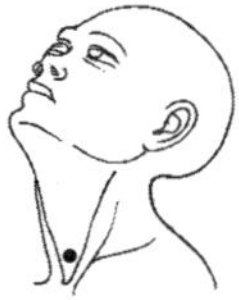
22
Vaisseau
Conception

• Vaisseau Gouverneur

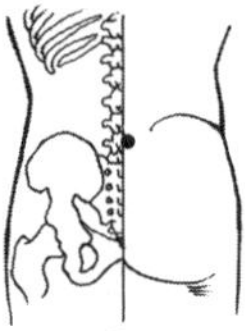
3
Vaisseau
Gouverneur

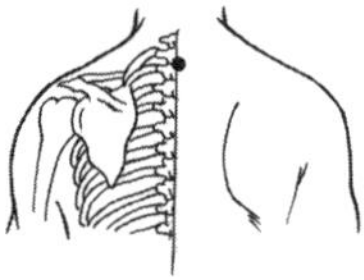
13
Vaisseau
Gouverneur

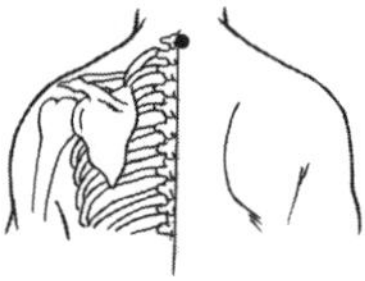
14
Vaisseau
Gouverneur

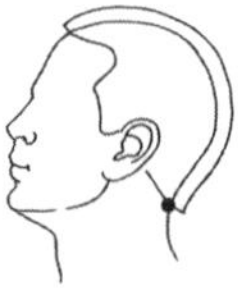
15
Vaisseau
Gouverneur

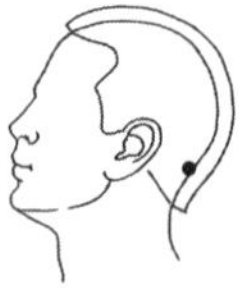
16
Vaisseau
Gouverneur

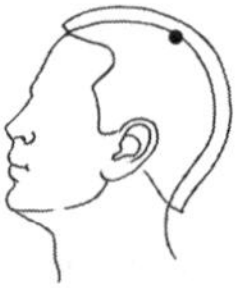
20
Vaisseau
Gouverneur

• Vésicule biliaire

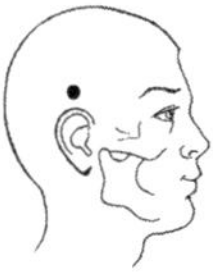

8
Vésicule biliaire

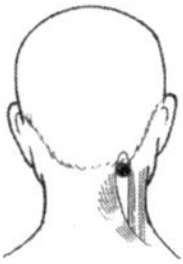

20
Vésicule biliaire

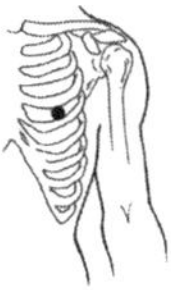

23
Vésicule biliaire

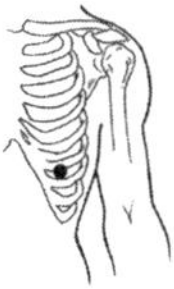

24
Vésicule biliaire

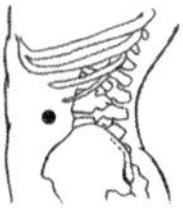

26
Vésicule
biliaire

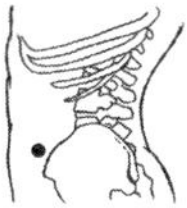

28
Vésicule
biliaire

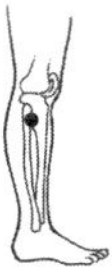

34
Vésicule
biliaire

• Vessie

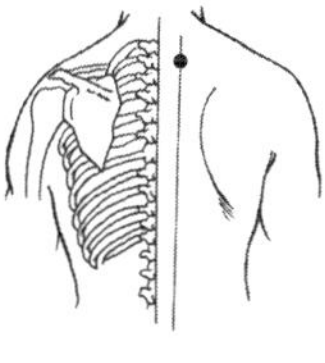

12 Vessie

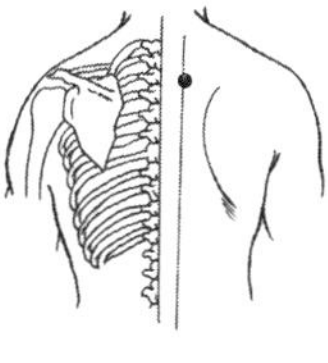

13 Vessie

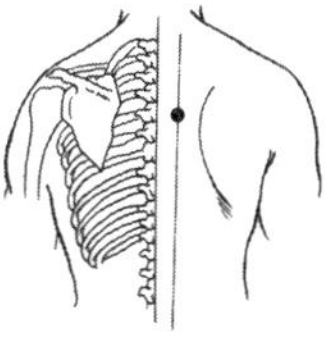

15 Vessie

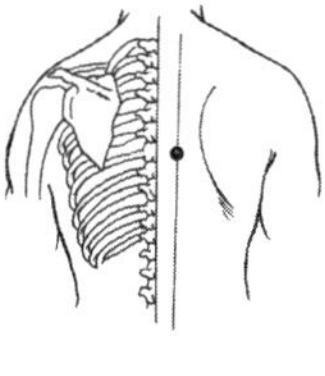

17 Vessie

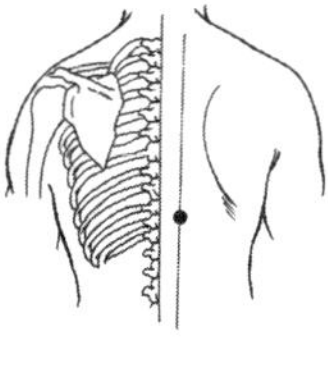

18 Vessie

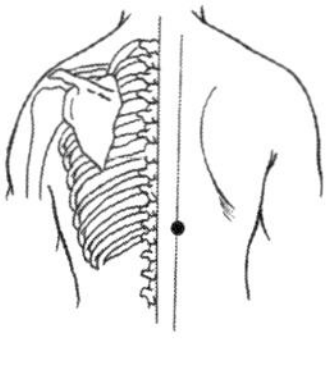

19 Vessie

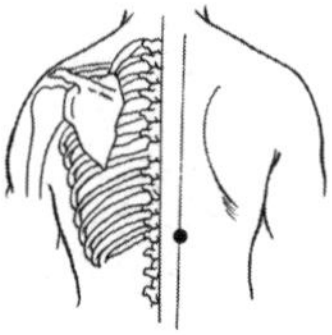

20 Vessie

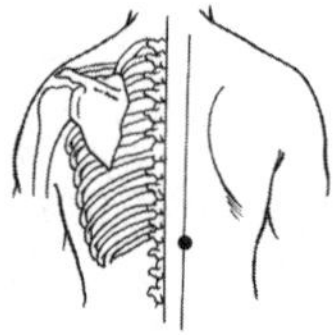

21 Vessie

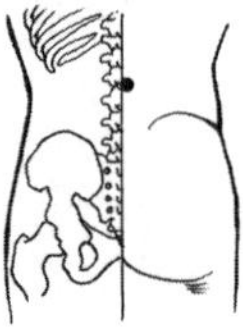

23 Vessie

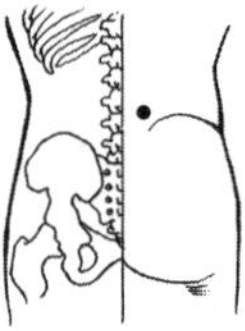

25 Vessie

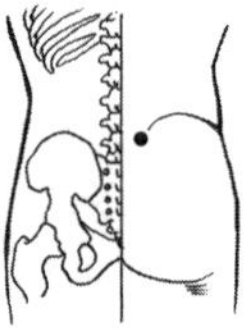

26 Vessie

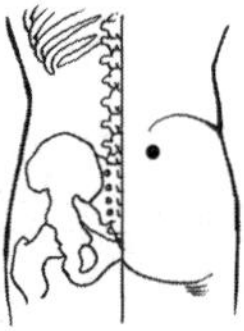

32 Vessie

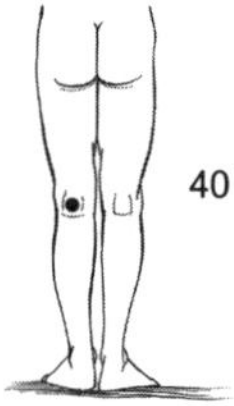

40 Vessie

BIBLIOGRAPHIE

AUBRY Jocelyne et CHANG Ho-Han, *Guérir par l'automassage Do-in,* Presses du Châtelet, 1997.

EYSSALET Jean-Marc, *Diététique énergétique et médecine chinoise*, Desiris, 2005.

MERCATI Maria, *Massage chinois Tui-Na,* Courrier du livre, 2002.

OTTINO Hiria, *Dictionnaire de médecine chinoise*, Larousse, 2001.

RÉQUÉNA Yves, *À la découverte du Qi Gong*, Guy Trédaniel, 1999.

RÉQUÉNA Yves, *Qi Gong : la gymnastique des gens heureux*, Guy Trédaniel, 2005.

RÉQUÉNA Yves et BORREL Marie, *Le Guide du bien-être selon la médecine chinoise*, Guy Trédaniel, 2000.

SIONNEAU Philippe, *Pharmacopée chinoise et acupuncture,* Guy Trédaniel, 1996.

SIONNEAU Philippe et CHAPELLET Josette, *Ces aliments qui nous soignent,* Guy Trédaniel, 2005.

YOU-WA Chen, *Pratique du massage chinois*, Robert Laffont, 1987 ; Marabout, 2006.

Sites internet

Un site consacré à la culture chinoise :
www.tao-yin.com

Un site consacré au massage chinois sous toutes ses formes :
www.massage-chinois.com

Un site consacré aux thérapies énergétiques venues d'Orient :
www.massagedasie.com

Un site fournissant des informations sur la diététique chinoise :
www.ladietetiquedutao.com

Le site de la Fédération européenne de *Qi Gong*
et d'arts énergétiques :
www.federationqigong.com

Le site de l'Institut européen de *Qi Gong* :
www.ieqg.com
Chemin de Chaves – 13840 Rognes
Tél. : 04 42 50 28 14

Table

3
LE DIAGNOSTIC EN MÉDECINE CHINOISE

4
LES OUTILS THÉRAPEUTIQUES DE LA MÉDECINE CHINOISE

5
LA MÉDECINE CHINOISE CHEZ VOUS

Photocomposition Nord Compo

Imprimé en Allemagne par GGP Media GmbH

Pour le compte des Éditions Marabout.
Dépôt légal : mai 2010
ISBN : 978-2-501-06142-1
40.5078.7/01